25 MANERAS DE GANARSE A LA GENTE

JOHN C. MAXWELL
Y LES PARROTT, PH.D.

CARIBE-BETANIA
Una División de Thomas Nelson, Inc.
The Spanish Division of Thomas Nelson, Inc.
www.caribebetania.com

Caribe Betania Editores es un sello de Editorial Caribe, Inc.
© 2005 Editorial Caribe, Inc.
Una subsidiaria de Thomas Nelson, Inc.
Nashville, TN, E.U.A.
www.caribebetania.com

Título en inglés: *25 Ways to Win with People*
© 2005 por John Maxwell
Publicado por Thomas Nelson Publishers
Publicado en asociación con Yates & Yates LLP. Attorneys and
Counselors, Orange, California.

A menos que se señale lo contrario, todas las citas bíblicas
fueron tomadas de la Versión Reina-Valera 1960
© 1960 Sociedades Bíblicas Unidas en América Latina.
Usadas con permiso.

Traductor: Hubert Valverde

Tipografía: *A&W Publishing Electronic Services, Inc.*

ISBN 0-88113-901-7

Impreso en E.U.A
Printed in U.S.A.
2ª Impresión

Dedicado a:

Tom Mullins,
Eres como el flautista de Hamelín. Cuando entras a una oficina,
la gente desea seguirte. Más que cualquiera que conozco, tú
personificas las 25 maneras de ganarse a la gente. Tú
haces que los que están a tu lado se sientan sumamente
valiosos ¡hasta yo me siento así a tu lado!

—JOHN C. MAXWELL

Mike Ingram and Monty Ortman,

Pocas personas podrían desarrollar un equipo de negocios, ganarse
el respeto y lograr mejores resultados que ustedes dos. Ambos
tienen una forma encantadora de relacionarse con las personas.
Su espíritu generoso y su manera de invertir en los demás
resultarán en grandes dividendos en las próximas décadas.
Soy un mejor individuo por haberlos conocido.

—LES PARROTT

CONTENIDO

❧

❧

_&_

RECONOCIMIENTOS

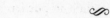

Gracias a Charlie Wetzel
por su ayuda para escribir este libro.

EL GOZO MÁS GRANDE DE LA VIDA

por John C. Maxwell

En la primavera de 2004, poco después de haber entregado a la editorial el manuscrito final de *Cómo ganarse a la gente*, ésta envió copias a algunas personas, tal como lo hacen frecuentemente, para recibir retroalimentación y promocionar el libro. Una de las personas que recibió una copia del manuscrito fue Les Parrott.

Es probable que usted conozca al doctor Les Parrott por alguno de sus numerosos triunfos: Profesor de psicología de la Universidad Seattle Pacific, fundador del Centro para el Desarrollo de Relaciones, orador reconocido a escala nacional de las empresas que pertenecen a Fortune 500, autor de éxitos de librería tales como *Relaciones de alto mantenimiento* y *Ama la vida que vives*. Ha estado como invitado en *CNN*, en el *noticiero de la noche de NBC*, en el programa de *Oprah* y otros. Les es mi amigo. Cuando lo vi por primera vez, era tan sólo un jovencito. Estaba por ese entonces a punto de iniciar sus estudios de doctorado en psicología. En cuanto lo vi comprendí lo especial que era. Supe que sería una persona de gran influencia.

En el verano de 2004, recibí una llamada telefónica de Les. «John», me dijo, «me encantó *Cómo ganarse a la gente*. Creo que va a ayudar a muchas personas a cambiar sus actitudes y a ver su relación con los demás de una manera totalmente diferente. A propósito, escribí algo para promocionarlo, pero quiero darte una idea. Creo que debes escribir una segunda parte». Yo había puesto todo mi corazón y todo lo que había aprendido sobre las relaciones en el libro *Cómo ganarse a la gente*, así que me puse un poco escéptico con esa proposición. Pero respeto a Les y sé que siempre tiene ideas grandiosas, así que me dispuse a escucharlo.

«¿Cuál es la idea?» le pregunté.

«Te he visto trabajando con la gente por años» me dijo. «Cuando dedicas tiempo a las personas, haces que se sientan como si valieran un millón de dólares. Así me has hecho sentir a mí. Te aseguro que si lo piensas encontrarás al menos una docena de cosas específicas que has perfeccionado y que podrías enseñar a otros». Eso hizo que me emocionara. «Y, John, hasta creo que deberías titular el libro *Cómo hacer que los demás se sientan muy valiosos*».

Luego comenzó a enumerar algunas de las cosas que él pensaba que yo debería enseñar en el libro: cómo darles a otros una reputación que tuvieran que mantener, cómo atesorar las buenas intenciones, cómo usar buenas historias y cómo ayudarle a la gente a triunfar. Entre más lo pensaba, más me encantaba la idea. Había escrito *Cómo ganarse a la gente* para cambiar la forma común en que la gente se relaciona. Llegar a realizar lo que el libro sugería llevaría su tiempo, pero el libro que Les estaba sugiriendo podría ayudar a las personas a aprender aptitudes específicas que podrían perfeccionar en cuestión de días.

«¿Sabes?», le dije después de una pausa. «Me parece una gran idea. ¿Por qué no escribes el libro conmigo?»

Les se sorprendió.

«Creo que haríamos un gran equipo», agregué. «Dijiste que me has observado por años. Tú eres un psicólogo con experiencia, juntos podríamos descubrir cuáles aptitudes enseñar. Yo enseñaría cómo trabajo con las personas y tú les ayudarías para que comprendan la psicología que hay detrás de la práctica».

Y así fue como se escribió *25 maneras de ganarse a la gente*. Les y yo disfrutamos mientras comparábamos notas, hablábamos sobre relaciones y contábamos anécdotas. Nosotros creemos que si usted practica las habilidades enseñadas en este libro, podrá transformar la forma en que las personas que conoce se ven a sí mismas, ya que podrá hacerlas sentir que son muy valiosas.

No creo que exista un gozo más grande que ver a los demás florecer, crecer y alcanzar su potencial. Este libro le puede ayudar a ser partícipe de esto con las personas que usted conoce.

SOY MEJOR DESPUÉS
DE HABERTE CONOCIDO

POR LES PARROTT

∾

Algunas personas poseen una cualidad invisible que atrae a los demás hacia ellos como si fuera un imán.

Esas personas no son solamente agradables. Su carisma define todo lo que hacen y cada encuentro que tienen. En consecuencia, crean mejores equipos, son más respetados y logran mayores resultados. ¿Será que solamente tienen suerte en la vida por haber sido bendecidos con rasgos de personalidad que resultan en éxito sin ningún esfuerzo? ¡En lo más mínimo!

Este rasgo invisible y atrayente no viene tanto por herencia como por perfeccionarlo. Es un espíritu cautivador que se puede enseñar y aprender. Durante mucho tiempo las personas no han intentado cultivar estas cualidades debido a la falsa impresión según la cual se cree que se tienen o no se tienen. Este libro le ayudará a cambiar esa idea equivocada. Porque aquí usted encontrará 25 de las claves más convincentes para liberar este espíritu carismático, un espíritu que le ayudará a tener éxito con casi todas las personas que se crucen a su paso.

POR QUÉ ESTAMOS ESCRIBIENDO JUNTOS ESTE LIBRO

Ninguno que alguna vez haya estado en estrecho contacto con John Maxwell habrá podido irse sin haber experimentado un cambio. Eso me ocurrió a mí. Como mentor, John ha dejado una huella permanente en casi cada aspecto de mi vida profesional y personal.

Hace más de 20 años, antes de haber iniciado mis estudios para llegar a ser psicólogo clínico, me tomé una semana completa para estar con él en San Diego con el propósito de aprender de su sabiduría. Un tiempo después, me animó a que escribiera libros y me iniciara como conferenciante.

Por estos días, con una docena de libros escritos, cada vez que nos toca compartir la misma plataforma, John es siempre mi gran admirador. No exagero al decir que cree en mí más de lo que yo jamás pudiera pedir.

Soy una persona mejor gracias a que John Maxwell forma parte de mi vida. Me enseñó cómo sacar mi valor a relucir; cómo encontrar mi propósito y trabajar en lo que me apasionaba; cómo pulir mi visión y esforzarme para lograr mis metas. Me enseñó a «ver el lado positivo del fracaso», a hacer que cada día cuente y a cómo cultivar una actitud positiva. La interacción con una persona que tiene el don de gente que posee John puede tener esa clase de impacto en usted. Directa e indirectamente, John me ha enseñado innumerables y valiosas lecciones sobre la vida. Pero más allá de todo esto, me ha enseñado cómo ganarme a la gente. Él tiene una manera encantadora de relacionarse con casi todo el mundo, sea un mesero de un restaurante o el presidente de una gran corporación.

LOS SECRETOS DE LA MAGIA INTERPERSONAL

Por varias décadas, he estudiado cómo John eleva a las personas. Y como amigo, quería saber cómo poder cultivar esa magia interpersonal que tiene. Cualquiera que haya pasado un tiempo con él sabe que lo hace sentir bien y en confianza. No estoy hablando de la clase de sentimiento que se da cuando alguien te da un cumplido frívolo o una afirmación poco sincera, ni tampoco una palmada en la espalda manipuladora y aduladora. Me refiero a la clase de sentimiento que se da al saber que alguien genuinamente quiere lo mejor para uno. Él te anima porque quiere que ganes.

He observado hasta sus más mínimas interacciones. Vez tras vez, John muestra una habilidad asombrosa para desarmar, entretener y cautivar a cualquiera que se reúne con él. En otras palabras, tiene la habilidad de hacer que otros se sientan tan valiosos como un millón de dólares. Es por eso que un día, tal como ya lo ha mencionado, le propuse la idea de que compartiera los secretos de su personalidad magnética y así usted pudiera aprender a hacer lo que él hace. Cuando me invitó a escribir juntos este libro, nos pasamos horas viendo las cosas que hace de manera natural. También hablé ampliamente con sus amigos y con su personal. Escuché relato tras relato de cómo ha triunfado con ellos y les ha añadido valor a sus vidas. Incluyo muchas de estas historias para que así usted pueda «ver» la práctica en acción.

A su alcance

Los 25 secretos que encontrará explicados aquí tienen el potencial de cambiar su vida. Pueden ayudarle a que se convierta en la clase de persona atractiva cuyas luces llenan el salón cuando usted llega. Estas habilidades son fáciles de aprender. No son solo para unos pocos afortunados que parecieran venir con esas cualidades de forma innata, sino que están al alcance de cualquiera que las busque y son vitales para quien quiera ganarse a la gente.

Empiece
con usted

Sus relaciones serán tan saludables como lo es usted.
—Neil Clark Warren

LES... ACERCA DE EMPIECE CON USTED

Si usted quiere ganarse a la gente, usted mismo debe ser un ganador o, al menos, alguien que va camino de serlo. No se puede evitar este hecho.

Como psicólogo especializado en relaciones humanas, he atendido a cientos de personas, he hablado a cientos de miles en seminarios, y he escrito más de una docena de libros sobre el tema. Las personas que están a mi alrededor saben que deseo ayudar a otros a ganarse a la gente. Pero si hay algo que sé, es que cualquiera nueva técnica o consejo sobre cómo ganarse a los demás fracasará si no se empieza con uno mismo.

Permítame hablarle claro. Si usted intenta practicar las «formas» de ganarse a la gente que aprenderá en los siguientes capítulos sin poner atención detallada a cómo puede convertirse usted mismo en un ganador, terminará decepcionado. Pero si primeramente dedica tiempo a enfocarse en usted, pronto estará listo para enfocarse en los demás.

TIENE QUE EMPEZAR CON USTED

William James, el primer psicólogo americano dijo: «El infierno del cual habla la teología no es peor que el infierno que nos hacemos nosotros mismos en este mundo al formar habitualmente nuestro carácter de la manera equivocada». Si no creamos un carácter ganador, con seguridad no podremos ganarnos a los demás. Es por eso que este primer paso es tan significativo. De hecho, hay al menos dos razones convincentes del por qué, ganarse a las personas, depende de empezar con uno mismo.

USTED NO PUEDE SER FELIZ SI NO SE SIENTE SALUDABLE

La psicología solía pensar que era crucial enfocarse en las emociones negativas (para luego eliminarlas). Ahora sabemos que hay un mejor camino. Una nueva generación de investigadores ha variado el análisis principal de la psicología, en lugar de enfocarse en la desdicha, han optado por centrarse en la comprensión del bienestar.

Las nuevas investigaciones revelan que uno no puede ser feliz simplemente por evitar la depresión, la tensión o la ansiedad. No. Uno no puede ser feliz al menos que se sienta saludable. Y sentirse saludable es más que no estar enfermo. La salud emocional es más que la ausencia de emociones disfuncionales. La salud emocional está en el centro de cómo ganarse a la gente.

NO SE PUEDE DAR LO QUE NO SE TIENE

Una de las verdades más sabidas y más antiguas en el mundo sobre Psicología es la que dice que no se puede dar lo que no se tiene. De hecho, al igual que cualquier otro psicólogo en capacitación, cuando empecé mi educación graduada, tuve que someterme a psicoterapia. «Les», me dijo el consejero, «como psicólogo, tú podrás llevar a una persona tan lejos como tú mismo hayas ido». ¿Por qué? Porque uno no puede dar lo que no tiene. Usted no puede disfrutar a los demás al menos que usted se disfrute a sí mismo.

Harry Firestone, dijo: «Usted podrá obtener lo mejor de los demás cuando dé lo mejor de usted mismo». Muy cierto. Pero si lo mejor que usted posee no es mejor que lo que los «demás» ya poseen, nunca podrá llevarlos más allá de donde están actualmente.

En síntesis, si usted no se está convirtiendo en un ganador, será casi imposible ganarse a los demás. No obstante, quiero darle buenas noticias: Su deseo y sus intentos de ganarse a la gente le ayudarán a ser un ganador. Eso fue lo que Charles Warner quiso expresar cuando dijo: «Nadie puede tratar de ayudar a otro sinceramente sin que al mismo tiempo se esté ayudando a sí mismo».

CÓMO SER UN GANADOR

Pearl Bailey dijo: «Hay un periodo en nuestra vida cuando nos tragamos el conocimiento que tenemos de nosotros mismos y al hacerlo, sabremos si es bueno o es amargo». Todas las personas tienen un poco de ansiedades e inseguridades. Si le pidiera que describiera a un ganador, a una persona saludable y completa, probablemente me diría que esta persona tiene confianza en sí misma, es agradable, amable, estable, dadivosa, etc. Y en un sentido, tendría razón. Pero ser un ganador es más que tener una lista de atributos envidiables. Ser un ganador consiste en una cosa: su valor.

Los ganadores son valiosos. Si no, pregúntele a cualquier atleta o medallista olímpico que acabe de firmar un contrato multimillonario. Pero a decir verdad, ser un ganador, en el sentido más estricto de la palabra, no tiene nada que ver con su desempeño, salario o potencial de ganancia. Tiene que ver con su valor y si se *ha apropiado* o no de él. Cuando usted acepta su propio valor personal, cuando está seguro de quien es, es allí cuando se convierte en un ganador.

A continuación algunas formas para lograrlo:

∞ RECONOZCA SU VALOR. En más de una ocasión, he contado la anécdota de una conferencia en la que compartí con mi amigo Gary Smalley y donde él hizo algo que cautivó al público. Ante una audiencia de casi diez mil personas, Gary sostuvo en su mano un billete de cincuenta dólares e hizo una pregunta: «¿Quién quiere este billete de cincuenta dólares?» Muchos levantaron sus manos.

«Voy a darle estos cincuenta dólares a uno de ustedes», siguió diciendo, «pero primero permítanme hacer esto». Y procedió a arrugar el billete. Luego preguntó: «¿Lo quiere alguien todavía?» Las mismas manos seguían levantadas.

«Bien» dijo. «¿Qué tal si hago esto?» Lo tiró al suelo y lo aplastó con el zapato. Se agachó, lo recogió y lo levantó, todo sucio y arrugado. «Y ahora ¿alguien todavía lo quiere?» Todavía muchas manos seguían levantadas.

«Ustedes han aprendido una lección valiosa» dijo. «No importa lo que yo haga con el billete, ustedes todavía lo quieren porque no se ha devaluado. Todavía vale cincuenta dólares».

La simple ilustración de Gary recalca una verdad profunda. Muchas veces en nuestra vida nos arrugamos, caemos y nos ensuciamos con las decisiones que hacemos o las circunstancias que enfrentamos. Puede que nos sintamos sin valor, insignificantes ante nuestros ojos y ante los ojos de los demás. Pero no importa lo que haya pasado o lo que suceda después, nuestro valor de seres humanos *nunca* se pierde. No hay nada que pueda quitarnos ese valor. No lo olvide nunca.

∞ ACEPTE SU VALOR. ¿Cuántas veces ha escuchado a la gente decir: «Algo anda mal con él»?

Lo que quieren decir es que esta persona no está avanzando. Que no es una persona saludable. Que algo le detiene y que no está a gusto consigo misma. Es lo que los psicólogos llamamos una persona que no tiene auto aceptación.

Seamos realistas, todos en este planeta sufrimos de inseguridades y de cosas que desearíamos poder cambiar sobre nosotros mismos. Pero hay ciertas cosas que no podemos cambiar. Algunas de nuestras cosas son exactamente eso, nuestras. Quizás usted no nació con la apariencia que le gustaría, o tal vez no es tan alto como desearía. Sus genes barajaron las cartas y a usted le tocó algo que eventualmente tuvo que aceptar, ya sea eso o usted rechaza su valor personal y, en tal caso, se pasa la vida tratando de compensar sus inseguridades. Ha quedado cautivo de su deseo de haber sido diferente.

El término *aceptación* viene del latín *ad capere* y significa «tomar para uno mismo». En otras palabras, inherente en el proceso de aceptar a otros está el acto de recibir aceptación de usted mismo. Lo digo nuevamente: Usted nunca se ganará a la gente a menos que se convierta en un ganador.

∞ INCREMENTE SU VALOR. Quizás usted ya reconoce y acepta su valor. Tal vez sabe dentro de su ser, en su alma, que Dios le ama y lo considera de valor inestimable.

¡Felicitaciones! El siguiente paso es aumentar su valor ante los demás resolviendo tantos de sus problemas como le sea posible. En otras palabras, necesita maximizar quien es, venciendo o reparando esas cosas que estén dentro de sus posibilidades cambiar.

Puede que usted luche, por ejemplo, con un temperamento fuerte. Quizás tenga dificultad en poner límites o en aceptar responsabilidades; tal vez tenga malos hábitos o quizás su actitud necesita una revisión. Todos tenemos obstáculos que podemos vencer. El 45% de los estadounidenses dice que cambiarían un mal hábito si pudieran.[1] La verdad es que sí pueden cambiar. Todos nosotros podemos mejorar cuando nos decidimos a hacerlo.

En su libro *Teaching the Elephant to Dance* (Enseñando a un elefante a bailar), James Belasco cuenta cómo los entrenadores encadenan a los elefantes jóvenes con cadenas pesadas que están atadas a estacas en el suelo. De esa manera, el elefante aprende a quedarse en un solo lugar. Los elefantes más viejos y más poderosos que fueron entrenados de esa forma nunca tratan de huir, aun cuando tienen la fuerza para arrancar la estaca e irse. Su condicionamiento limita su movimiento. Con sólo un aro metálico en una de sus piernas se quedan en su lugar, ¡aun cuando ni siquiera haya estacas!

Es una historia que quizás usted ya haya oído antes, pero al igual que los poderosos elefantes, muchas personas están atadas por un condicionamiento previo. Así como la cadena alrededor de la pierna del elefante lo mantiene sin moverse, algunas personas se imponen límites innecesarios en su progreso personal. No permita que esto le suceda a usted. No acepte absurdamente limitaciones que detengan sus aptitudes. Desafíelas y siga creciendo.

CREA EN SU VALOR. Una vez que haya reconocido su valor, acéptelo e increméntelo, finalmente tiene que creer en él. Tiene que creerlo con tal convicción que esté dispuesto a depender de él.

Chuck Wepner nunca aprendió esta lección. Como boxeador, se ganó el apodo de «el ensangrentado de Bayonne» por el castigo que sufría aun cuando ganaba. En el mundo del boxeo decían que era «un recibidor nato»; es decir, un luchador que frecuentemente usa su cabeza para bloquear los golpes del contrincante. Wepner presionaba continuamente a su oponente hasta que ganaba o lo noqueaban. A él nunca le importó cuánto castigo tuvo que absorber antes de dar el golpe final. El entrenador Al Braverman decía: «Es el boxeador más audaz que haya conocido jamás. Él hacía su propio juego, no le importaba el dolor. Si alguna vez era cortado o golpeado con el codo, nunca se fijaba en mí o en el árbitro para pedir ayuda. Era un luchador en todo el sentido de la palabra».

Cuando Wepner noqueó a Terry Henke en el onceavo asalto en Salt Lake City, el promotor de boxeo Don King le ofreció una pelea contra el entonces campeón de pesos pesados George Foreman. Pero cuando Alí venció a Foreman, Wepner se dio cuenta que ahora tendría que pelear con «el grande» Muhammad Alí. El día de la pelea, Wepner le dio a su esposa un negligé rosado y le dijo que «pronto estaría durmiendo con el campeón de los pesos pesados del mundo».

Alí ganó por *knock out* técnico diecinueve segundos antes que terminara la pelea. Pero hubo un momento, un glorioso momento en el noveno asalto cuando un golpe en el pecho de Alí hizo que el campeón cayera a la lona.

Wepner recuerda: «Cuando Alí estaba en el suelo, recuerdo haberle dicho a mi entrenador Al Braverman: "Al, arranca el auto, nos vamos al banco, ya somos millonarios". Y Al me dijo: "Mejor date la vuelta porque se está levantando"». Después de la pelea, la esposa de Wepner sacó el negligé de su cartera y le preguntó: «¿Voy al cuarto de Alí o él viene al mío?»

La historia no sería más que un comentario al de una página, excepto por una cosa. Un escritor que pasaba por apuros en esa época, estaba mirando la pelea y de pronto la idea le llegó a su mente: «*Eso es*», se dijo. «Así que me fui a casa y empecé a escribir. Escribí por tres días sin parar». Así fue como el escritor y actor Sylvester Stallone describió el nacimiento de la película ganadora de un Oscar *Rocky* a James Lipton en el programa *Inside the Actor´s Studio*.

Un estudio de cine le ofreció al escritor en apuros la cantidad sin precedente de $400.000 por su guión, pero Stallone rehusó dinero, eligiendo en su lugar sólo $20.000 dólares y el derecho para hacer el personaje de Rocky con el salario mínimo de un actor, unos míseros $340 por semana. El estudio también le hizo una oferta a Wepner ya que la película estaría basada en su vida. Le ofrecieron una comisión de $70.000 o el 1% de las ganancias netas de la película. Deseando tener un pago garantizado, Wepner optó por los $70.000; una decisión que le costó finalmente $8.000.000. Actualmente Chuck Wepner vive en Bayonne y trabaja como vendedor en una licorería.

Lo mismo sucede cuando usted se vende mal. Si no cree que tiene algo de gran valor que ofrecer a otra persona –usted mismo–

nunca podrá ganarse a la gente. Lo que usted es, es el valor más grande que posee. Mientras reconozca este valor, lo acepte, lo aumente y crea en él con absoluta convicción, las formas para ganarse a las personas descritas en este libro podrán convertirse en parte de su carácter. Y cuando sale del corazón, funciona de maravilla.

JOHN... CON UN MOMENTO DE ENSEÑANZA AL ESTILO MAXWELL

Si pudiera conocerlo en persona, una de las primeras cosas que le diría es que creo en usted. Es probable que le resulte difícil de aceptar porque ni siquiera lo conozco. Pero sí sé esto: Todas las personas tienen valor y algo de valor que ofrecer. Una de mis misiones en la vida es ver ese valor en los demás, ayudarlos a descubrirlo y animarlos a que alcancen su potencial. Usted puede convertirse en un ganador y ayudar a otros a hacer lo mismo.

Es por esa razón que quiero ser su maestro. Tal vez no pueda sentarme con usted en persona, pero he escrito este libro con Les porque quiero ayudarle. En los siguientes capítulos, dedicaré unas páginas a lo que yo llamo un momento de enseñanza y así poder mostrarle una manera específica sobre cómo hacer que las personas se sientan como un millón de dólares. Es mi manera de ayudarle a ganarse a la gente. Y cuando hayamos acabado, deseo sugerirle que busque a un mentor al que pueda mirar a la cara, un ganador que pueda añadirle valor y lo lleve a través de muchas lecciones adicionales de la vida.

LES... RECAPITULANDO

Cada uno de los capítulos en este libro concluye con un segmento de recapitulación. Está diseñado para ayudarle a poner el «principio ganador» de ese capítulo en práctica. Este pequeño bosquejo me ha servido mucho, por eso se lo paso a usted.

Para aplicar esta lección a su propia vida...

Olvídese:

De cualquier cosa que lo haga sentirse inseguro.

Pregúntese:

¿Cómo puedo incrementar mi valor para beneficiarme yo y a otros?

Hágalo:

Haga una lista de las cosas que puede mejorar en usted mismo (malos hábitos que romper, etc.) junto con pasos específicos que le ayudarán a lograr esas mejorías.

Recuerde:

Sus relaciones serán tan saludables como lo es usted.

2

PRACTIQUE LA REGLA DE LOS 30 SEGUNDOS

Aquel que espera hacer mucho bien de una sola vez,
nunca hará nada.
—SAMUEL JOHNSON

LES... OBSERVANDO LA PRÁCTICA EN ACCIÓN

Una de las lecciones más valiosas acerca de ganarse a la gente que he aprendido de John es la regla de los 30 segundos: Diga algo alentador a una persona en los primeros 30 segundos de una conversación.

John es un experto en eso. Mientras me encontraba en una reunión en una de sus compañías hace poco tiempo, John entró en el salón y en los primeros minutos dijo algo alentador a cada persona que estaba en la reunión.

«David, supe que te fue excelentemente bien en la conferencia telefónica de esta mañana».

«Larry, me estás haciendo quedar muy bien con esa asesoría en Denver. Gracias».

«Kevin, acabo de ver los números para abril. Nadie más en el mundo puede ver y tomar las oportunidades de la forma en que tú lo haces».

«Les, estoy encantado de que hayas hecho el viaje para venir a estar con nosotros hoy. Sé que añadirás un valor tremendo a nuestra conversación».

Desde el principio, John había alentado genuinamente a cada uno de nosotros, y lo hizo de manera tan sutil y casi sin esfuerzo. Como estaba intentando aprender más acerca de las formas de John para ganarse a la gente, después de la reunión le pedí que me dijera lo que había hecho. Ahí fue donde oí por primera vez el término «la regla de los 30 segundos».

«Aprendí esto de mi padre», me dijo. «Hace muchos años, él fue presidente de una universidad y con frecuencia caminábamos juntos por el campus universitario. Continuamente se detenía a decir cosas alentadoras a los estudiantes. Cuando yo me sentía tentado a reclamar, miraba a los estudiantes y me daba cuenta que mi padre había depositado buenas palabras en ellos.

«La gente nunca olvida esa clase de aliento», continuó. «Ayer le hablé a mi padre por teléfono y él con emoción me contó acerca de los muchos estudiantes egresados que lo siguen visitando en Florida. No deja de sorprenderle que la gente viaje tantas millas para verlo, pero a mí no. La regla de los 30 segundos que mi padre había practicado con todos ellos cada día estaba retornando a él y de qué manera».

«Te he visto hacer esto por años» le dije a John, «pero nunca supe que era algo que habías aprendido de tu padre».

«He aprendido muchas lecciones de mi padre, él es un líder increíble», replicó John. «Yo practico esta regla siempre con cualquier persona que conozco. Mira, una vez alguien me dijo, "Sé amable. Cada persona que conoces está librando una batalla fuerte". La gente necesita una buena palabra, un cumplido alentador que refuerce sus esperanzas y sus sueños. No cuesta mucho hacerlo, pero en verdad eleva a las personas».

JOHN... CON UN MOMENTO DE ENSEÑANZA
AL ESTILO MAXWELL

Cuando las personas se reúnen, buscan maneras para verse bien frente a los demás. La clave para la regla de los 30 segundos es invertir esta práctica. Cuando usted hace contacto con los demás, en lugar de enfocarse en sí mismo, trate que ellos se vean bien.

Cada día antes de salir para alguna reunión, me detengo a pensar en algo que pueda animar a esas personas. Lo que les digo puede ser una de muchas cosas: agradecerles por algo que hayan hecho por mí o por un amigo; decirles acerca de alguno de sus logros; elogiarlos por una cualidad personal que exhiben, o simplemente darles un cumplido por su apariencia. La práctica no es complicada pero toma tiempo, esfuerzo y disciplina. La recompensa de practicarla es inmensa, porque realmente hace un impacto positivo en la gente.

Si usted desea animar a otros mediante la práctica de la regla de los 30 segundos, entonces recuerde estas cosas la próxima vez que se reúna con otras personas:

LA REGLA DE LOS 30 SEGUNDOS DA A LAS PERSONAS UN TRATAMIENTO DE PRIMERA CLASE

Todas las personas se sienten mejor y actúan mejor cuando se les da *atención*, *afirmación* y *apreciación*. La próxima vez que haga contacto con la gente, comience dándoles su atención total durante los primeros 30 segundos. Haga que se sientan bien, mostrándoles su aprecio en alguna forma. Luego observe lo que sucede. Se sorprenderá de ver con qué positivismo reaccionan. Y si le cuesta recordar que debe enfocarse en ellos en lugar de hacerlo en usted, entonces quizás le ayuden las

> «Un chismoso es aquel que habla de otras personas, un aburrido es aquel que habla de sí mismo y un conversador brillante es uno que le habla a usted acerca de usted».
>
> —William King

palabras de William King. Él dijo: «Un chismoso es aquel que habla de otras personas, un aburrido es aquel que habla de sí mismo y un conversador brillante es uno que le habla a usted acerca de usted».

LA REGLA DE LOS 30 SEGUNDOS LE DA ENERGÍA A LA GENTE

El psicólogo Henry H. Goddard realizó un estudio en los niveles de energía de los niños usando un instrumento llamado «ergógrafo» Sus resultados son fascinantes. Descubrió que cuando los niños estaban cansados y se les daba palabras de aliento, el ergógrafo mostraba un aumento de energía en ellos. Cuando se les criticaba o se les desanimaba, el ergógrafo mostraba que su energía física decaía.

Puede que usted haya descubierto esto de manera intuitiva. Cuando alguien le alienta, ¿no sube su nivel de energía? Y cuando es criticado ¿no le hace ese comentario decaer? Las palabras tienen un gran poder.

¿Qué clase de ambiente piensa que se podría crear si usted continuamente animara a las personas cuando hace su primer contacto con ellas? No solamente las estimularía, sino que usted se convertiría en un transmisor de energía. ¡Cada vez que entrara a algún lugar la gente se iluminaría! Usted sería partícipe en crear la clase de ambiente que a todos les encanta. Su presencia alegraría el día de las personas.

LA REGLA DE LOS 30 SEGUNDOS INFUNDE MOTIVACIÓN

Vince Lombardi, el famoso entrenador del equipo de fútbol americano de los Green Bay Packers, era temible por la disciplina que aplicaba. Pero además era un gran motivador. Un día se comió vivo a un jugador que había fracasado en hacer varios bloqueos. Después de la práctica, entró en los vestidores y vio al jugador sentado al lado de su casillero. Tenía la cabeza gacha y se veía muy desanimado. Lombardi le despeinó el cabello, le dio una palmada en el hombro y le dijo: «Uno de estos días llegarás a ser el mejor defensa de la NFL».

Ese jugador era Jerry Kramer. Y Kramer dice que mantuvo esa imagen positiva de sí mismo por el resto de su carrera. «El aliento que me dio Lombardi tuvo un tremendo impacto en mi vida». Andando el tiempo, llegó a ser miembro tanto del salón de la fama de los Green Bay Packers como del "Equipo de todos los tiempos" de la NFL.

Todos necesitamos una motivación de vez en cuando. Usar la regla de los 30 segundos alienta a las personas a que sean y den lo mejor de sí. Nunca subestime el poder de la motivación:

◆ La motivación ayuda a las personas que saben lo que deberían hacer... ¡a hacerlo!
◆ La motivación ayuda a las personas que saben cuál compromiso deberían asumir... ¡a asumirlo!
◆ La motivación ayuda a las personas que saben cuál hábito deberían dejar... ¡a dejarlo!
◆ La motivación ayuda a las personas que saben qué camino deberían tomar... ¡a tomarlo!

La motivación hace que sea posible lograr lo que se debe lograr.

Uno de los más grandes beneficios secundarios de la regla de los 30 segundos es que también le ayuda a usted. Usted no puede ayudar a otros sin que al mismo tiempo no se esté ayudando a sí mismo. Benjamín Franklin se dio cuenta de este principio y lo utilizaba para ayudar a otros. En una carta dirigida a John Paul Jones, le dijo:

«De aquí en adelante, si ve ocasión para darles a sus oficiales y amistades un poco más de elogios de lo que correspondería, y confiesa que cometió más faltas de las que cree que debería reconocer, solo por eso, pronto llegará a ser un gran capitán. Criticar y censurar a casi todos aquellos con quienes se relacione, le restará amistades, aumentará sus enemigos y perjudicará sus planes».

———— ✐ ————

Quienes aumentan nuestro valor, nos acercan a ellos. Quienes nos hacen sentir menos de lo que somos, hacen que nos alejemos de ellos.

———— ✐ ————

Si desea que otros se sientan bien acerca de ellos mismos y sientan gusto cada vez que lo ven, entonces practique la regla de los 30 segundos. Recuerde esto: Quienes aumentan nuestro valor, nos acercan a ellos. Quienes nos hacen sentir menos de lo que somos, hacen que nos alejemos de ellos.

LES... RECAPITULANDO

Por décadas, los psicólogos sociales han estudiado las «primeras impresiones». Si usted desea causar una impresión duradera y positiva, ahora sabemos lo que funciona y lo que no. Y la regla de los 30 segundos de John es uno de los medios más efectivos para triunfar en esta área. En términos de investigación, esto es lo que se denomina «efecto de primacía» y su impacto inicial es impresionante por la forma en que otros se sienten conectados con usted.[1]

Para aplicar la enseñanza de John a su propia vida...

Olvídese:

De buscar formas para tratar de lucir bien. Más bien, busque formas para hacer que los demás luzcan bien.

Pregúntese:

¿Qué cosa positiva y alentadora podría decir a cada persona que vea hoy?

Hágalo:

Dé a cada persona con la que se encuentre el tratamiento de primera clase: atención, afirmación y apreciación.

Recuerde:

Diga algo alentador durante los primeros 30 segundos de una conversación.

3

HÁGALES SABER A LAS PERSONAS QUE USTED LAS NECESITA

El cumplido más grande que alguna vez haya recibido
fue cuando alguien me preguntó mi opinión y puso
atención a mi respuesta.
—HENRY DAVID THOREAU

LES... OBSERVANDO LA PRÁCTICA EN ACCIÓN

Un día le pregunté a John el secreto para hacer que las personas se unan a un equipo y él me dijo la respuesta con una simple oración: «No puedo hacerlo sin ti» y continuó diciendo que los grandes líderes tropiezan cuando creen que la gente los necesita a ellos en lugar de reconocer que es al contrario. «Los líderes pueden llegar a ser grandes» me dijo John, «sólo si se dan cuenta que ellos son los que necesitan a los demás».

Mientras conversábamos, sacó una tarjeta laminada de la gaveta de su escritorio y me dijo que hacía varios años había desarrollado una herramienta para solicitar ayuda de las personas. «Les, escribí esto en el año 1974. Tenía un gran proyecto en mis manos y necesitaba recaudar más de un millón de dólares. Allí fue la primera vez que comprendí cuán lejos estaba de ser un líder.

»Fue entonces que me di cuenta que si deseaba lograr algo grande, tenía que convertir *mi* sueño en *nuestro* sueño. Escribí esa frase pensando usarla en una próxima conferencia. También me di cuenta que cualquier sueño que pudiera alcanzar sin la ayuda de otras personas sería un sueño muy pequeño».

John me mostró la tarjeta laminada. Esto era lo que decía:

Tengo un sueño

La historia nos dice que en cada época ha habido un momento cuando los líderes deben tomar decisiones. Por esa razón, no existe un líder potencial que no tenga una oportunidad para mejorar a la humanidad. Las personas que le rodean también tienen el mismo privilegio. Afortunadamente, yo creo que Dios me ha rodeado de aquellos que aceptaron el desafío del momento.

Mi sueño me permite...

◆ Renunciar en cualquier momento a todo lo que soy para aceptar todo lo que puedo llegar a ser.
◆ Intuir lo invisible de manera que pueda llevar a cabo lo imposible.
◆ Confiar en los recursos de Dios ya que el sueño es más grande que todas mis capacidades y mis conocimientos.
◆ Continuar aunque esté desanimado ya que sin fe en el futuro, no existe poder en el presente.
◆ Atraer a los ganadores ya que los sueños grandes atraen a las personas grandes.

◆ Ver a mi gente y a mí mismo en el futuro. Nuestro sueño es la promesa de lo que un día seremos.

Sí, yo tengo un sueño. Es más grande que cualquiera de mis talentos. Es tan grande como el mundo pero se origina con uno. ¿Quieres unirte a mí?

—John Maxwell

«Les», me dijo, «he entregado cientos de estas tarjetas y he visto una y otra vez cómo las personas se unen para ayudarme a lograr mi sueño por una sola razón: les hago saber que los necesito».

JOHN... CON UN MOMENTO DE ENSEÑANZA AL ESTILO MAXWELL

El día que me di cuenta que no podía hacerlo todo por mí mismo fue un gran paso en mi desarrollo como persona y como líder. Siempre he tenido visión, muchas ideas y energía. Pero cuando la visión se hace más grande que uno, sólo hay dos opciones: Abandonar la visión o buscar ayuda. Yo escogí la última.

No importa los éxitos que haya alcanzado ni cuán importante sea, lo que usted *realmente* necesita es a la gente. Es por eso que tiene que hacerles saber que no podría triunfar sin ellos. El presidente Woodrow Wilson dijo: «No solo deberíamos

> Cuando la visión se hace más grande que uno, sólo hay dos opciones: Abandonar la visión o buscar ayuda.

usar todos los cerebros que tenemos, sino que deberíamos pedir prestados todos los que podamos». ¿Y por qué sólo los cerebros? ¡Reclute las manos y los corazones de las personas también! Otro presidente, Lyndon Johnson, tenía razón cuando dijo: «No hay problema que no podamos resolver juntos, y muy pocos que podamos resolver solos».

Pedir ayuda es una buena forma de hacer sentir a otros muy valiosos. ¿Por qué?

LA GENTE DESEA SENTIR QUE SE LE NECESITA

¿Alguna vez se ha detenido a preguntar a alguien una dirección? Baja la ventana del auto y le dice a un transeúnte: «¿Me puede decir cómo llegar al mercado de Larry?» Casi todas las veces, la gente deja de hacer lo que está haciendo para ayudarle aunque eso signifique cruzar la calle o detener el tráfico. Algunos hasta repiten la dirección para asegurarse que usted la ha entendido. ¿Por qué? Porque cuando alguien siente que sabe algo que usted no sabe, eso le estimula el ego. Todos queremos ser expertos, aunque sea por un momento. El ayudar nos da una gran sensación de superioridad y de realización, lo que se traduce en un mayor sentido de autoestima. Y todo surge de la idea universal de que alguien nos necesita.

LA GENTE NECESITA SABER QUE NECESITA DE LA GENTE

El magnate y filántropo Andrew Carnegie dijo: «Es un gran paso en su desarrollo cuando usted acepta que otras personas pueden ayudarle a hacer un mejor trabajo del que podría hacer solo». Tristemente, muchos nunca llegan a ese nivel de madurez o perspectiva. Todavía quieren creer que pueden alcanzar la grandeza por sí mismos.

El destino de cada individuo está atado al de muchos otros. No podemos ser como aquel náufrago que se sienta en un lado del bote salvavidas sin hacer nada mientras los demás, al otro lado trabajan duro para evitar hundirse, y dice: «¡Gracias a Dios que el hoyo no está en mi lado!» Todos necesitamos a la gente y si no lo sabemos, entonces sí estamos en problemas.

LA GENTE NECESITA SABER QUE ES NECESITADA

El caricaturista Charles Schultz con frecuencia captaba los deseos del corazón humano en su tira cómica Charlie Brown. Él comprendía las necesidades de las personas. En una de sus creaciones, Lucy le pide a Charlie Brown que le ayude a hacer su tarea. «Te lo agradeceré eternamente» le promete ella.

«Me parece bien. Nunca he tenido a nadie que esté eternamente agradecido conmigo», responde Charlie. «Sólo tienes que restar 4 de 10 para saber cuántas manzanas le quedan al granjero».

Lucy le dice: «¿Eso es todo? ¿Tendré que estar eternamente agradecida sólo por eso? ¡Me han robado! ¡No puedo estar eternamente agradecida por tan poco, fue muy fácil!»

Con una mirada de desánimo, Charlie le responde: «Bien, entonces dame lo que te parezca justo».

«¿Qué tal si sólo te digo, gracias?», dice Lucy.

Charlie se va y en el camino se encuentra con Linus quien le pregunta: «¿Dónde has estado, Charlie Brown?»

«Ayudándole a Lucy a hacer su tarea».

«¿Y te lo agradeció?»

«Sí, pero a un precio muy reducido».

Si alguna vez se ha sentido como Charlie Brown, sepa que no está solo. Todo ser humano desea tener una vida con sentido. Todos deseamos saber que se nos necesita y que lo que ofrecemos a los demás es de valor.

La gente necesita saber que ha ayudado

Cada vez que alguien me dice lo valiosa que es la gente de mi equipo, yo lo animo para que vaya y se lo diga a ellos. ¿Por qué? Porque necesitan saber que han ayudado a alguien. «Los buenos líderes hacen que la gente se sienta parte esencial de las cosas, no solo un complemento» dice Warren Bennis, autor y experto en liderazgo. «Todos sienten que marcan una diferencia en el éxito de la organización. Cuando

> Los buenos líderes hacen que la gente se sienta parte esencial de las cosas, no solo un complemento.
>
> —Warren Bennis

eso sucede, la gente se siente parte de ello y eso hace que el trabajo tenga sentido».

Walter Shipley de Citibank dice: «Tenemos 68.000 empleados. Con una compañía de esta magnitud, yo no me encargo del negocio... Mi trabajo es crear un ambiente que permita que la gente se apoye mutuamente más allá de sus propias capacidades... Yo recibo el mérito por proveer el liderazgo que nos tiene allí, pero ha sido la gente la que lo ha hecho». Shipley comprende lo que todo líder exitoso sabe, que la gente necesita saber que ellos fueron una parte importante en el resultado obtenido.

No es una señal de debilidad hacerles saber a los demás que los valoramos. Es una señal de seguridad y fortaleza. Cuando se es honesto con la necesidad de pedir ayuda, cuando se es específico acerca del valor que añaden los demás a la causa y cuando se es inclusivo con ellos para formar un equipo que hará algo mayor a lo que uno es, todos ganamos.

LES... RECAPITULANDO

Hace mucho que las investigaciones han comprobado que cuando la gente se siente necesitada, es mayor la probabilidad de que sean productivos y creativos. De hecho, estudios realizados en gemelos con coeficientes intelectuales similares muestran que cada uno actúa de manera diferente dependiendo del ambiente donde se encuentre, digamos que uno está en un ambiente alentador (donde sabe que es apreciado y que se le necesita) y el otro en un ambiente contrario. La persona que siente que aprecian su ayuda actúa mejor.[1]

Para aplicar la enseñanza de John a su propia vida...

Olvídese:

De una actitud arrogante que lo haga tener que probar lo capaz que es usted sin la ayuda de los demás.

Pregúntese:

¿Quién podría ayudarme de manera específica a realizar un mejor trabajo que el que yo hago solo? ¿Quién está *esperando* que se lo pida para unirse a mi trabajo?

Hágalo:

Solicite consejo o ayuda de los demás de manera sincera y esté atento a lo que digan.

Recuerde:

Los que se ganan a las personas hacen que estas se sientan protagonistas, no solo un complemento.

4

CREE UN RECUERDO Y VAYA A ÉL CON FRECUENCIA

La memoria es el tesoro y el guardián de todas las cosas.
—CICERÓN

LES... OBSERVANDO LA PRÁCTICA EN ACCIÓN

La gente que dedica un tiempo de calidad con John sabe que va a llevarse un buen recuerdo. Es inevitable. Tiene una habilidad especial para crear recuerdos; es una de esas cosas que lo hacen ganarse a las personas.

John también disfruta cuando otros crean un recuerdo para él. Un día cuando estábamos hablando acerca de crear recuerdos, de manera ingeniosa me contó esta historia: Tenía que hacer una presentación ante unos tres mil jóvenes en Phoenix. Al subir a la plataforma, se dio cuenta que quien lo había invitado tenía algo diferente en mente. «Él no quería que yo diera una conferencia», me explicó. Esos jóvenes que habían leído sus libros y escuchado sus cintas de audio por varios años, le habían preparado una sorpresa. En lugar de hacer que él les hablara, lo que hicieron fue hablarles ellos a él, así que le pidieron que se sentara y que simplemente los escuchara. Uno tras otro, 12 líderes preseleccionados de la audiencia subieron a la plataforma para decirles a los demás cómo las enseñanzas de John habían hecho un impacto en sus vidas.

«Fue algo totalmente inesperado», me dijo. «Y no solamente me inundaron con palabras amables, sino que cada uno me dio un recuerdo, algo tangible de lo que habían aprendido de mí. Quedé anonadado por esa experiencia».

Uno le dio una hermosa pintura con dos imágenes: una de un niño leyendo uno de los libros de John y la otra del niño ya adulto entrenando a otros.

«Les», me dijo John con lágrimas en sus ojos y su voz temblorosa: «No sé cuántas veces he recordado ese día. Mantengo los recuerdos en mi oficina para revivirlos. Esa experiencia significó tanto para mí. Y renovó mi deseo de crear recuerdos para otros».

JOHN... CON UN MOMENTO DE ENSEÑANZA AL ESTILO MAXWELL

No hay muchas cosas que puedan unir a las personas como lo hace un recuerdo compartido. Los soldados que pelean juntos, los equipos que ganan un campeonato y los equipos de trabajo que logran sus metas comparten una conexión que nunca se olvida. Las parejas casadas que experimentan tiempos difíciles con frecuencia miran atrás hacia antiguas experiencias que les ayuden a seguir adelante. Familias que se unen cuando están pasando dificultades a través de campamentos o al compartir aventuras en sus vacaciones, años más tarde disfrutan recordando aquellos momentos pasados juntos.

Aunque muchos recuerdos pueden crearse de una manera activa, algunos son el resultado de las circunstancias. El autor Lewis Carrol, refiriéndose a estos últimos, dijo: «Es la clase de recuerdo que sólo funciona con vista al pasado». ¿Qué es lo que significa esto para nosotros? Que los recuerdos más preciosos son por lo general aquellos que planeamos y creamos intencionalmente. A continuación hay algunas ideas para crear recuerdos que le ayudarán a ganarse a la gente:

INICIATIVA. HAGA QUE ALGO SUCEDA

Los recuerdos no nos buscan a nosotros; nosotros tenemos que buscarlos. Mejor aun si lo hacemos intencionalmente, podemos *crear* recuerdos. Si usted menciona la palabra *carruaje* a mis amigos Dan y Patti Reiland o a Tim y Pam Elmore, le puedo decir exactamente en qué pensarán ellos. Ellos pensarán en un día de otoño en la ciudad de Nueva York cuando hicimos algo que todavía nos hace reír. Después de comer, yo alquilé tres «carruajes» tirados por unos chóferes en bicicleta. Hicimos una carrera desde Manhattan hasta Macy's. Cada pareja tenía que ver cómo motivaba a su chofer para que ganara (podían usar cualquier incentivo financiero). La carrera fue muy reñida durante todo el trayecto y nosotros nos reímos mucho.

Todavía nos reímos cuando pensamos o miramos las fotos que tomamos ese día, pero nunca hubiera sucedido si no lo hubiéramos iniciado.

TIEMPO: INVIERTA TIEMPO EN LOGRAR QUE ALGO SUCEDA

Por años los padres han debatido el tema del tiempo de calidad comparado con la cantidad de tiempo. Como padre y abuelo, he descubierto que se necesita de una cantidad de tiempo para poder encontrar el tiempo de calidad. Si usted no se esfuerza, no podrá crear un recuerdo.

¿No se ha dado cuenta que la mayoría de los recuerdos que usted tiene son con personas con las que pasa la mayor parte del tiempo? Es lo que me pasa a mí. Si quiere crear recuerdos con su familia, invierta tiempo con ellos. Si desea crear recuerdos con sus empleados, no lo logrará detrás de la puerta de su oficina. No se puede crear recuerdos en la gente si no se pasa tiempo con ellos.

PLANEAMIENTO. PLANEE PARA QUE ALGO SUCEDA

La mayoría de las personas no dirigen sus vidas, las aceptan. Esperan que las experiencias memorables sucedan sin sacar el tiempo para planear una experiencia que formará un recuerdo. Uno de los recuerdos más extravagantes que yo he planeado fue con Margaret, mi esposa. Fue en nuestro vigésimo quinto aniversario. Decidimos compartirlo con treinta de nuestros amigos más cercanos, para ello alquilamos un yate y los recogimos en la bahía de San Diego. Una vez a bordo, tuvimos una comida deliciosa y luego los sorprendimos invitando a Frankie Valens para que cantara algunas de sus canciones como «Sixteen Candles» (Dieciséis velas). Nuestros amigos estaban encantados, pero el momento más memorable fue cuando Margaret y yo dijimos algunas palabras acerca de cada uno de los invitados y por qué ocupaban un lugar especial en nuestros corazones. Esa noche fue un gran recuerdo para Margaret y para mí, pero también fue un gran recuerdo para los que asistieron.

> La mayoría de las personas no dirigen sus vidas, las aceptan.

CREATIVIDAD. BUSQUE UNA MANERA DE LOGRAR QUE ALGO SUCEDA

¿Qué hace usted cuando se encuentra en un evento donde esperaba tener un recuerdo que compartir pero nada parece suceder? Sea creativo. Me han pedido muchas veces que relate la historia acerca de un campeonato de boliche que fui a ver en San Diego hace quince años. El juego estaba tan aburrido que yo terminé comprándoles periódicos a los de mi sección para que así tuviéramos algo que hacer. Otro tipo que estaba a mi lado, por no querer quedarse atrás, compró cien bolsitas de maní y las distribuyó en toda la sección. Los dos recibimos una gran ovación y pronto los periodistas se enfocaron más en nosotros que en el juego. No me acuerdo quien ganó, pero esa noche nunca la olvidaré. Sé que tampoco lo harán los amigos que fueron conmigo.

Experiencias compartidas. Logre hacer que algo suceda de manera conjunta

Los recuerdos se comparten si se experimentan con alguien que ama. Hace varios años nuestra familia fue de vacaciones al parque Jasper en Canadá. Mientras nos encontrábamos allí, llevé a mis hijos, Elizabeth y Joel Porter, a pescar. Cuando volvíamos a la cabaña, llamamos por teléfono a Margaret para decirle que íbamos en camino y ella nos preguntó cómo nos había ido.

> Los recuerdos se comparten si se experimentan con alguien que ama.

«Pescamos ocho truchas», le dijo Joel, aparentando serenidad aunque yo sabía que se sentía orgulloso. En el camino íbamos comentando lo grandioso que sería cenar las truchas que habíamos pescado. Cuando llegamos, llevamos las truchas a la cocina pero nos encontramos con la sorpresa de ver cuatro pedazos de carne listos para ser cocinados.

«¿Qué es esto?» le preguntó Joel a su madre. «¡Pescamos ocho truchas! Y queremos cenar trucha».

Margaret empezó a reírse. «Pensé que sólo habían atrapado una trucha, por eso fui a comprar los bisteces».

Yo comencé a reírme y también Elizabeth. Finalmente, Joel dijo: «Mamá no es muy buena con los números, ¿verdad?»

Esto sucedió cuando nuestros hijos tenían once y trece años. Ahora, cada vez que hacemos una comida al aire libre, mis hijos recuerdan la historia de las truchas. Hasta la fecha, ya casados y con sus propios hijos, todavía disfrutan decir: «Mamá no es muy buena con los números» y eso nos hace reír.

Recuerdos. Muestre que algo ha sucedido

John McCrone dice: «Casi todo lo que hagas el día de hoy lo habrás olvidado en unas cuantas semanas. La habilidad para recordar disminuye de manera exponencial a menos que se vea impulsada por auxiliares artificiales como los diarios y las fotografías».

¿No le parece cierto eso? ¿Mantiene fotografías o un recuerdo en su escritorio donde los pueda ver? ¿Tiene en su billetera fotos de personas a las que ama? ¿Tiene un trofeo, una placa, una pelota u otro premio en un estante donde otros puedan verlo? Todos tenemos cosas que amamos, no por su valor material sino por el recuerdo que nos traen. Cuando usted le ayuda a alguien más a crear un recuerdo, debe darle a esa persona algo con lo que pueda revivirlo.

Reviva el recuerdo. Hable de lo que sucedió

La parte más importante al crear un recuerdo es revivirlo. ¡Es la recompensa! Muchas veces cuando viajo con otros, al final de nuestro viaje les pido que compartan uno de sus recuerdos favoritos. Con frecuencia eso nos lleva a grandes conversaciones. O yo le escribo una nota a alguien donde comparto mi propio recuerdo favorito. Eso forma una conexión que nos une y nos hace sentir muy bien.

Les... Recapitulando

Para aplicar la enseñanza de John a su propia vida...

Olvídese:

De tratar de tener un tiempo de calidad para formar un recuerdo si usted no está dispuesto a invertir la cantidad de tiempo que requiere.

Pregúntese:

¿Qué recuerdos he creado con las personas que deseo que revivamos juntos?

Hágalo:

Planee una experiencia que conmemorará un logro o un triunfo de lo que la gente hablará en el futuro. Y no olvide crear un objeto del mismo.

Recuerde:

No debemos esperar que los recuerdos lleguen a nosotros. Nosotros tenemos que hacer que esos recuerdos sucedan.

5

ELOGIE A LAS PERSONAS EN PÚBLICO

Amoneste a sus amigos en secreto,
alábelos en público.
—PUBLILIUS SYRUS

LES... OBSERVANDO LA PRÁCTICA EN ACCIÓN

Elogiar a otros en público es la marca personal de John Maxwell.
A él se le conoce por hacer esto en todo el mundo, así que cuando les pedí a algunas personas en su compañía que me dijeran cómo John hace esto, no me costó mucho recibir respuestas.
Más bien, tuve que decidir cuál escoger entre tantas. Muchas de esas historias contenían sentimientos similares a los que escuché de Charlie Wetzel, quien ha trabajado con John y sus libros por más de una década:

Por casi veinte años, John ha escrito y grabado lecciones sobre liderazgo, las cuales ha usado para enseñar a decenas de miles de personas cada mes; primero con el club INJOY Life y ahora a través de Maximum Impact. En 1995, dio una lección que fue diseñada para enseñar a los líderes cómo encontrar personas con gran potencial y cómo crear un ambiente donde ellos florecieran y emergieran como líderes con todas las de la ley. A esa lección la llamó: «Buscando águilas».

Con frecuencia, John graba esas lecciones durante sus conferencias a corporaciones y otras organizaciones alrededor del país. Sin embargo, esa vez la enseñanza fue para su propio personal de la iglesia y algunos empleados de INJOY, su compañía de desarrollo de liderazgo. Era su forma de desarrollar continuamente a su gente para que así pudieran crecer y aprender. Ese día yo me senté con la audiencia y anoté las diez características de un águila:

1. Hacen que las cosas sucedan.
2. Ven y se aprovechan de las oportunidades.
3. Influyen en las opiniones y las acciones de los demás.
4. Dan valor a las personas.
5. Atraen ganadores hacia ellos.
6. Capacitan a otras águilas para que puedan dirigir.
7. Proveen ideas que ayuden a la organización.
8. Poseen una actitud peculiarmente grande.
9. Se mantienen a la altura de sus compromisos y responsabilidades.
10. Muestran lealtad total a una organización y al líder.

Fue un mensaje instructivo e inspirador. Cuando concluía la lección, mencionó algunas de las águilas que había encontrado en su vida al pasar de los años. Y luego dijo: «Pero quiero concluir esta lección diciéndoles acerca de otra águila que recientemente ha entrado a la organización. Su nombre es Charlie Wetzel. Ha trabajado con nosotros por muy poco tiempo, pero hace que las cosas sucedan».

John siguió diciendo cómo la conexión que yo hice de mi propia iniciativa con el editor de una revista nacional hizo que un artículo de Maxwell fuera aceptado y llegara a ser leído por más de 3 millones de suscriptores. John entonces dijo muchas cosas muy halagadoras acerca de mí al grado que me hizo llorar.

Él siempre ha dicho cosas positivas sobre mí enfrente de mi esposa y de mis padres, pero esta vez estaba hablándoles a todo el personal de mi iglesia y al presidente de su compañía, para no mencionar a los miles de personas que escucharían su mensaje en cinta magnetofónica. Fue asombroso. Antes de ese momento, nunca me vi a mí mismo como un «águila». Hasta la fecha, sigue tocando mi corazón cada vez que pienso en ello.

Ha pasado una década desde que John hizo ese elogio de Charlie; sin embargo, su impacto no ha disminuido. Ese es el poder de elogiar a las personas enfrente de otros.

JOHN... CON UN MOMENTO DE ENSEÑANZA AL ESTILO MAXWELL

La forma más directa y fundamental para ganarse a las personas es elogiarlas con una palabra positiva, sincera y significativa. Si usted quiere hacer que otros se sientan valiosos, perfeccione esta aptitud elemental. Es esencial que aprenda a dar sus cumplidos enfrente de otros al igual que individualmente. ¿Por qué? Porque ese elogio en privado cuando se hace público, aumenta su valor instantánea y dramáticamente. Aquí hay algunas razones por las cuales es tan importante:

LA GENTE QUIERE SENTIRSE VALIOSA EN LA VIDA

Mary Kay Ash dice: «Todo el mundo tiene un anuncio invisible colgando del cuello que dice: "¡Hágame sentir importante!"» Ella enseñó esto a su equipo de ventas. Les dijo una y otra vez: «Nunca olviden ese mensaje cuando trabajen con la gente». Ella sabía que los elogios y la afirmación eran determinantes para tener éxito con los demás.

---∽---

Un elogio en privado cuando se hace público, aumenta su valor instantánea y dramáticamente.

---∽---

Y a propósito, esa es sólo una de las razones que la hicieron triunfadora. En 1963, con cinco mil dólares en ahorros y la ayuda de su hijo de 20 años, lanzó los cosméticos Mary Kay. La compañía actualmente tiene más de 500.000 asesoras de belleza independientes en 29 mercados alrededor del mundo. Mary Kay Inc. está catalogada como una de las 100 compañías mejores para trabajar de los Estados Unidos.

Mary Kay, al igual que todas las personas que se ganan a la gente, sabía que la gente desea sentirse valiosa. Y cuando usted mantiene ese pensamiento en su mente, los elogios le saldrán fácilmente.

LOS ELOGIOS AUMENTAN EN VALOR CUANDO VALORAMOS A LA PERSONA QUE LOS DA

Willard Scott, el antiguo meteorólogo del programa de *NBC Today's Show*, recuerda sus días de radio cuando recibió la mejor carta de un admirador:

Estimado señor Scott: Pienso que usted es el mejor programador de discos en Washington. Pone la mejor música y tiene la voz más bonita que yo haya escuchado por radio. Por favor, disculpe la crayola. Aquí no nos dejan usar nada filoso.

No todos los elogios son iguales. Nosotros valoramos un elogio dependiendo de quien lo dé. Un buen comentario de alguien a quien no se le permiten objetos filosos no tiene el mismo peso que un elogio dado por tu jefe enfrente de las personas que tú respetas.

LOS ELOGIOS RATIFICAN A LAS PERSONAS Y LAS FORTALECEN

Ratificar significa afirmar. Una ratificación es una declaración de la verdad que usted afirma en el corazón de la persona cuando la expresa. Como resultado, eso genera una convicción. Por ejemplo, cuando usted elogia la actitud de una persona, la está reforzando y haciéndola más consistente. Ya que la ha notado de una manera positiva, esa persona probablemente mostrará la misma actitud nuevamente.

De igual manera, cuando ratifica los sueños de las personas, está ayudando para que los sueños se vuelvan más reales que sus dudas. Al igual que la repetición de un régimen de levantamiento de pesas, la rutina de elogios construye las cualidades de las personas y fortalece sus personalidades.

«Hay momentos especiales en las vidas de todos», escribió George Matthew Adams, «y la mayoría de ellos vienen por los elogios que otra persona nos ha hecho. No importa cuán grande, famosa o triunfadora sea la persona, todos deseamos el aplauso. El aliento es el oxígeno del alma. No se puede esperar una buena faena de un trabajador sin aliento. Nadie puede vivir sin esto».

> El aliento es el oxígeno del alma.

LOS ELOGIOS EN PÚBLICO SON LOS MÁS EFECTIVOS QUE SE PUEDAN DAR

Como comandante de un barco de guerra valorado en un billón de dólares y una tripulación de 310 personas, Mike Abrashoff utilizó un liderazgo fundamental para aumentar las tasas de retención de un 28% a un 100%, reducir los gastos de operación y mejorar la disposición. ¿Cómo lo hizo? Entre otras cosas, dio gran importancia a los elogios públicos.

«El comandante de un barco tiene la autorización de dar 15 medallas al año», escribió. «Ya que me iban a culpar por exceso, entregué 115». Casi siempre que un marinero dejaba el barco para cumplir otra asignación, el capitán Abrashoff le daba una medalla. «Aun cuando no hubieran sido de los mejores, les daba una medalla en una ceremonia pública siempre y cuando hubieran hecho el máximo esfuerzo cada día. Pronunciaba un pequeño discurso diciendo cuánto apreciábamos su camaradería, amistad y trabajo duro». Algunas veces los compañeros del que se iba contaban anécdotas graciosas, recordando sus dificultades y sus triunfos. Pero en el fondo, lo que Abrashoff quería era que se sintieran bien al ser elogiados en frente de toda la tripulación.

«No existe un efecto negativo en este gesto simbólico», decía Abrashoff, «si se hace sinceramente y sin aspavientos». El capitán Michael Abrashoff sabía cómo hacer que sus marinos se sintieran como un millón de dólares.

Usted puede hacer lo mismo con las personas a su alrededor. Cada vez que tenga la oportunidad de elogiar públicamente a otra persona, no dude en hacerlo. Por supuesto, puede crear estas oportunidades, tal como lo hizo el capitán Abrashoff, pero también puede encontrar innumerables oportunidades si solo las busca.

Les... Recapitulando

Para aplicar la enseñanza de John a su propia vida...

Olvídese:
De dar elogios sólo en privado. En lugar de eso, hágalos en público tanto como pueda.

Pregúntese:
¿A quién puedo elogiar enfrente de otros?

Hágalo:
Elogie a alguien delante de otras personas hoy.

Recuerde:
Cuando da a alguien un cumplido en público, le está dando alas de águila.

6

DÉLES A LOS DEMÁS UNA REPUTACIÓN QUE TENGAN QUE MANTENER

Trate a un hombre como aparenta ser y lo empeorará.
Pero trátelo como si ya fuera lo que potencialmente
pudiera llegar a ser, y hará que sea lo que debe ser.
—GOETHE

LES... OBSERVANDO LA PRÁCTICA EN ACCIÓN

Hace unos años, John y Margaret fueron a Londres con sus amigos Dan y Patti Reiland, Tim y Pam Elmore y Andy Steimer. Mientras estaban allí, cada persona tenía su lugar favorito para visitar. Para Tim era la barraca y el salón de guerra que Winston Churchill y sus consejeros utilizaron durante la Segunda Guerra Mundial.

John me contó de su experiencia allí. No era un lugar impresionante: era simplemente un sótano unos cuatro metros debajo de un edificio que tenía un salón con un gran mapa y una mesa, un cuarto de comunicaciones y algunos otros salones pequeños donde la gente podía descansar. Pero lo que había ocurrido allí durante la guerra eso sí que era impresionante. Fue desde allí que Churchill planeó su estrategia y dirigió al pueblo británico.

Mientras conversábamos, pude intuir que a John le encanta la historia. Me habló de Churchill —uno de sus héroes de liderazgo— y de cómo animó a millones de sus compatriotas después de la derrota británica de junio de 1940 en la batalla de Dunkirk. Me citó parte del discurso que Churchill dirigió a la Casa de los Comunes en esa ocasión:

> No desfalleceremos ni fracasaremos... pelearemos en Francia, pelearemos en los mares y en los océanos, pelearemos con confianza y nuestra fuerza aumentará: Usaremos los aires, defenderemos nuestra isla a cualquier costo; pelearemos en las playas, en campo abierto, en las calles, en las colinas; nunca nos rendiremos...[1]

«Churchill hizo muchas cosas notables durante la guerra» siguió diciéndome John, «pero una de las más grandes fue su capacidad para darles a los ingleses una reputación que debían mantener. Los inspiró, los motivó, los desafió. Y por ende, ellos respondieron. Es por eso que él fue tan apreciado».

John ha tratado de expresar esta cualidad. Me dice que cada vez que interactúa con otras personas, se está preguntando constantemente: *¿Qué tiene de especial, de único y de maravilloso este individuo?* Una vez que lo ha averiguado, lo comparte con los demás. Lo he visto hacer esto una y otra vez. Por ejemplo, cuando se refiere a Linda Eggers, su asistente, dice: «Ella siempre me representa muy bien». A John Hull, el presidente de EQUIP, lo llama: «El señor relaciones». Le cuenta a todo el mundo que Kirk Nowery, el presidente de ISS, es: «el mejor amigo de un pastor». A Kevin Small, el presidente de INJOY, lo llama: «El alcanza metas» y cuando habla de Doug Carter, el vicepresidente de EQUIP, dice que «él nunca pierde una oportunidad para contar la historia de EQUIP». John siempre piensa bien de la gente y cada vez que puede, habla acerca de las grandes cualidades que ve en ellos.

JOHN... CON UN MOMENTO DE ENSEÑANZA AL ESTILO MAXWELL

Una de las mejores maneras de inspirar a otros y de hacerlos sentir bien es mostrándoles lo que podrían llegar a ser. Hace varios años, un administrador de los Yankees de Nueva York quería que los nuevos jugadores se dieran cuenta del gran privilegio que era jugar en ese equipo. Solía decirles: «Muchachos, es un honor ponerse la camiseta rayada de Nueva York. Así que cuando la vistan, jueguen como los campeones del mundo. Jueguen como los Yankees. Jueguen con orgullo».

Cuando usted le da a alguien una reputación que debe mantener, le está dando a esa persona una meta que tiene que alcanzar; algo que está más allá de lo que es ahora. Cuando les habla a su potencial, les está ayudando a que «jueguen con orgullo», tal como lo hacen los Yankees. ¿Por qué es tan importante eso? Porque la gente irá más lejos de lo que pensaban si alguien a quien ellos respetan les dice que lo pueden lograr.

Si usted desea darles a otros una reputación que deban mantener, aquí están unas sugerencias de cómo empezar:

Tenga una opinión alta de las personas

La opinión que usted tenga de las personas las impactará profundamente. El doctor J. Sterling Livingston, ex miembro de la escuela de negocios de Harvard y fundador del Instituto Sterling, una firma asesora en administración, observó: «La gente actúa, en consecuencia, de la forma en que perciben que usted espera que actúe».

La reputación es algo que mucha gente pasa toda la vida tratando de validar; entonces, ¿por qué no ayudarlos en lugar de denigrarlos? Todas las personas poseen valor y potencial. Esas son cosas que se pueden encontrar en todo el mundo si uno hace un esfuerzo por hallarlas.

RESPALDE CON LA ACCIÓN LA BUENA OPINIÓN QUE TIENE DE LOS DEMÁS

Cuando usted respalda lo que cree de una persona por medio de acciones, la duda que ella tenga de sí misma comenzará a disiparse. Una cosa es decirle a su hijo adolescente que cree que es un buen chofer y otra es pasarle las llaves del auto para que salga en la noche. De la misma manera, si usted quiere que un nuevo administrador logre la alta estima que ha expresado por él, entonces asígnele una responsabilidad importante. No hay nada que le dé a la gente más confianza que ver que alguien que ellos respetan se arriesga por ellos. No solamente se les fortalecerá emocionalmente, sino que eso será un recurso en su camino hacia el éxito.

DEJE EL PASADO ATRÁS Y DÉLES UNA NUEVA REPUTACIÓN PARA EL FUTURO

Nombres negativos en el pasado, apodos o etiquetas pueden detener el desarrollo y el progreso de una persona. Quizás esa sea la razón por la que, en muchas culturas, los ritos de transición de una etapa a otra de la vida incluyen dar un nuevo título o nombre a la persona que se está honrando. Un nuevo nombre da una esperanza para un futuro nuevo.

Un buen ejemplo de esto se puede observar en *El Hombre de la Mancha*, pieza teatral y película basadas en la obra clásica de Cervantes, *Don Quijote*. El protagonista, Don Alonso, quiere convertirse en un caballero errante pero el tiempo de las cruzadas ya ha pasado. Ve gigantes donde otros ven molinos de viento y ve aventuras donde otros solo ven senderos de conejos. Cómicamente, «rescata» a una prostituta llamada Aldonza, a quien ve como una hermosa dama. La llama Dulcinea y la convierte en el objeto de sus hazañas de caballero. Al principio ella se ofende, cree que se está burlando de ella, porque en realidad Aldonza se detesta a sí misma y a su vida. Pero con el tiempo, la perspectiva que él tiene de ella reemplaza la suya propia y le da una esperanza. Al final de la obra, cuando el viejo yace agonizando en su cama, le agradece por haber visto en ella lo que ella no podía ver en sí misma.

Por supuesto, los ejemplos más dramáticos de cómo alguien olvida el pasado de los demás y les da una nueva reputación para el futuro se encuentran en la Biblia. En el libro de Génesis, Dios cambia la vida de Abram, un hombre viejo y sin descendencia, al darle un nombre nuevo: Abraham, que significa «padre de muchos».[2] Y lo hace padre en su vejez. Y luego toma a Jacob, un embustero que engaña a su hermano, miente a su padre y que constantemente utiliza el engaño para salir adelante; y le da un nuevo nombre: Israel. Su futuro se convertirá en el inicio de la nación de Israel.[3]

DÉLES A LAS PERSONAS UN NOMBRE NUEVO QUE HABLE DE SU POTENCIAL

Harry Hopman, uno de los mejores capitanes y entrenadores de tenis en la historia de Australia y miembro del Salón de la Fama del Tenis internacional, logró en un tiempo formar un equipo que llegó a dominar el tenis mundial. ¿Cómo lo hizo? Enfatizando lo que llamaba: «Entrenando con afirmación». Por ejemplo, tenía un jugador lento a quien le puso por sobrenombre «cohete». A otro, que no era conocido por su fortaleza o constitución física, lo llamó «músculos». Y eso los estimuló de tal manera que al poco tiempo, el «cohete» Rod Laver y Ken «músculos» Rosewall se convirtieron en campeones mundiales.

A mí me encanta ponerles nombres a las personas que hablen de su potencial y de sus mayores fortalezas. De hecho, en mi familia me conocen por eso. A mis propios hijos, Elizabeth y Joel Porter, yo los llamo «la niña de mis ojos» y mi «hijo número uno» respectivamente. A mis sobrinas Rachael y Jennifer las llamo «Ángel» y «Guisante dulce». Mis nietos Madeline, Hannah, John Porter y Ella son «Brillo del sol», «Hanna Banana», «J.P.» y «Maní», respectivamente.

Cada vez que nace un niño en nuestra familia, los otros quieren saber qué nombre le voy a poner. Es una tradición que nos encanta a todos. ¿Por qué? Porque a todos nos gusta esa sensación de ánimo que se da porque alguien se fije en nosotros y nos hable de nuestro potencial.

LES... RECAPITULANDO

A veces me he encontrado con líderes que creen que no deberían levantarles el ego a las personas mediante una reputación que todavía no se han ganado. En tales casos, yo siempre les señalo «la regla de los diez años».

La regla de los diez años es aquella que indica que se necesitó de al menos diez años de práctica dedicada y consistente antes que los grandes obtuvieran algún nivel de excelencia *reconocible*. La investigación también muestra que el proceso puede ser adelantado dramáticamente cuando los individuos empiezan a ver las muestras de que ya están empezando a lograr esa reputación.[4]

Para aplicar la enseñanza de John a su propia vida...

Olvídese:

De los fracasos de una persona en el pasado y enfóquese en su potencial en el futuro.

Pregúntese:

¿Qué tiene de especial, único y maravilloso este individuo? ¿Cómo puedo mostrar sus cualidades a los demás?

Hágalo:

Respalde la alta estima que tenga de una persona mediante acciones que refuercen esa opinión.

Recuerde:

Muchas personas llegan más lejos de lo que pensaban que podrían llegar porque alguien más creyó que podrían y se los dijo.

7

DIGA LAS PALABRAS CORRECTAS EN EL MOMENTO CORRECTO

*No existe un hombre con una prosperidad tan alta
o tan firme que dos o tres palabras no puedan
desanimarlo; pero tampoco existe ninguna
calamidad que con las palabras adecuadas
no se empiece a disolver.*
—RALPH WALDO EMERSON

LES... OBSERVANDO LA PRÁCTICA EN ACCIÓN

Pregunte a cualquiera que conozca bien a John y le contará de algún momento cuando dijo las palabras adecuadas en el momento adecuado. Una de las historias más impactantes la escuché mientras trabajaba en este libro, me la contó Dan Reiland, amigo íntimo de John y su ex mano derecha. «John ha hecho esto muchas veces en mi vida», me dijo. «Pero la vez que más me impresionó fue cuando murió mi madre».

Su muerte fue repentina e inesperada. Dan le avisó a John, quien estaba fuera de la ciudad en ese momento. Rápidamente, John y Margaret cambiaron sus planes y regresaron a San Diego.

Dan recuerda: «Llegaron a mi casa en Rancho, San Diego, fueron hasta donde yo estaba, me abrazaron y me dijeron: "Te amamos". Eso fue todo. Nadie pudo haber hecho algo mejor». Luego John habló sabiamente con el hermano de Dan, Len, y dio ánimo en gran manera a su hermana, Jean. Aunque ya han pasado casi diez años, pude notar que Dan todavía estaba impactado por esa actitud de John.

«John dirigió un hermoso servicio fúnebre», recordó Dan. «Me dio las notas de su sermón las cuales conservo y aprecio. Agradezco todo lo que John hizo durante ese tiempo; sin embargo, no hay nada como esas dos palabras dichas en el momento mismo en que entraron a mi casa».

A veces, las personas que no conocen a John de manera personal se sorprenden de ver lo bueno que es para decir las palabras correctas en el momento correcto. La gente está acostumbrada a verlo como conferenciante, lo cual hace excelentemente bien. Pero de lo que no se dan cuenta es que John también es un alentador genuino que disfruta ayudando a las personas y que realmente las comprende, ya sea arriba o abajo de la plataforma.

Recuerdo haber escuchado a John mientras se dirigía a algunos administradores y les hablaba acerca de la importancia de nuestras palabras y de cuándo las decimos. Él dijo…

- *Las palabras inadecuadas* dichas en el *momento incorrecto* me desaniman.
- *Las palabras inadecuadas* dichas en el *momento correcto* me frustran.
- *Las palabras adecuadas* dichas en el *momento incorrecto* me confunden.
- *Las palabras adecuadas* dichas en el *momento adecuado* me animan.

Estoy consciente que esto es cierto en lo que se refiere a mi propia vida. ¿Usted no? Las palabras adecuadas en el momento correcto son como una brisa refrescante de ánimo.

JOHN... CON UN MOMENTO DE ENSEÑANZA AL ESTILO MAXWELL

La mayoría de las personas reconocen que las palabras tienen un poder increíble. El teólogo y editor Tyron Edwards dijo: «Las palabras pueden ser mejores o peores que los pensamientos; ellas los expresan y hasta les añaden cosas; les dan poder para el bien o para el mal; los llevan en un vuelo eterno de instrucción, aliento y bendición o de heridas, pena y ruina». Pero decir las palabras adecuadas no es suficiente. El momento de decirlas también es crucial.

Algunas veces, lo mejor que podemos hacer por alguien es quedarnos callados. Cuando se sienta tentado a dar un consejo que no se le ha pedido, a lucirse, a decir «yo te lo dije», o a señalar un error en otra persona, lo mejor es no decir nada. Tal como el periodista británico del siglo 19, George Sala aconsejaba, debemos esforzarnos «no solamente a decir lo adecuado en el momento correcto, sino algo más difícil: A no decir lo inadecuado en un momento tentador».

Cuando sea el momento de hablar, pregúntese: ¿De qué manera puedo yo alentar a otros usando las palabras adecuadas en el momento correcto? Tenga en mente estos consejos:

Sea sensible al momento y al lugar

Se cuenta que durante una de las mayores ofensivas de la Segunda Guerra Mundial, el general Dwight Eisenhower caminaba cerca del río Rin cuando se encontró con un soldado que se veía deprimido.

«¿Cómo te sientes, hijo?» le preguntó.

«General», le respondió el joven: «Me siento terriblemente nervioso».

«Bien», dijo Eisenhower, «entonces nosotros hacemos un buen par, porque yo también me siento nervioso. Tal vez si caminamos un rato, eso nos hará bien».

El primer paso para decir lo adecuado en el momento correcto es poner atención al contexto. Ese es uno de los secretos de una comunicación exitosa ante una gran audiencia, y también lo es cuando hablamos con alguien individualmente. El rey Salomón del antiguo Israel decía la verdad cuando escribió: «Manzana de oro con figuras de plata es la palabra dicha como conviene».[1] Si usted puede aprender a ser sensible al ambiente en el que se encuentra, ya ha ganado la mitad de la batalla para decir las palabras adecuadas en el momento correcto.

&

«Manzana de oro con figuras de plata es la palabra dicha como conviene».

—Rey Salomón

&

Dígalo de corazón

No es sólo qué dice ni cuándo lo dice sino también *cómo* lo dice. En una de las tiras cómicas de Charlie Brown, Lucy le dice al niño pianista Schroeder: «¿Tú crees que soy la chica más hermosa del mundo?» Naturalmente, ella le tiene que hacer la pregunta varias veces y en diferentes formas, hasta que Schroeder, por deshacerse de ella le dice: «Sí».

Lucy se deprime desconsoladamente y comenta: «Aun cuando lo dijo, realmente no lo dijo».

La gente conoce la diferencia entre las palabras huecas y las que salen del corazón. Don Bennett, un hombre de negocios de Idaho, fue la primera persona con una pierna amputada en subir a la cumbre del monte Rainier. Estoy hablando de 14.410 pies de altura (más de 4.391 metros), ¡con una sola pierna y dos muletas! Durante una parte especialmente difícil de la escalada, Bennett y su equipo tenían que cruzar un campo de hielo. Para pasar por el hielo, los escaladores tenían que ponerse garfios en las botas para tener tracción. Desgraciadamente, una sola bota no era de mucha ayuda para Bennett. La única forma en que podía cruzar el campo de hielo, era dejarse caer al suelo, impulsarse hacia delante lo más que pudiera, ponerse de pie y luego dejarse caer nuevamente.

Kathy, la hija adolescente de Bennett que lo acompañaba en el ascenso, se quedó junto a él durante las cuatro horas que tardó en cruzar. Se mantuvo dándole ánimo sin cesar: «¡Tú puedes hacerlo papá! ¡Eres el mejor papá del mundo! ¡Puedes hacerlo!»[2] Las palabras de su hija, dichas de corazón, le ayudaron a continuar.

Reconozca el poder de las palabras correctas en el momento correcto

Decir las palabras correctas en el momento correcto puede hacer algo más que sólo animar a la persona que las recibe en ese momento. Puede causar un impacto positivo y duradero.

El pintor Benjamín West cuenta que cuando era muchacho le encantaba pintar. Cuando su madre salía, él buscaba los materiales y se ponía a trabajar. Un día, mientras pintaba, se le derramó la pintura y dejó la casa hecha un desastre. Ante el temor que su madre regresara y se encontrara con ese desorden, trató de limpiar todo lo mejor que pudo, pero lo logró solo a medias. Cuando su madre llegó, Benjamín se preparó para lo peor. Pero su madre, sin decir una palabra, tomó el cuadro que había intentado hacer, miró a su hijo y dijo: «¡Caramba, qué hermosa pintura de tu hermana!» Le dio un beso en la mejilla y se alejó. Gracias a ese beso, dice West, él se convirtió en pintor.

No sé qué clase de experiencia haya tenido usted cuando era muchacho. Tal vez, al igual que yo, tuvo padres que entendían el poder del ánimo. Si no fue así, ¿Qué hubiera dado porque alguien le hubiera hablado en el momento adecuado: un padre, un maestro, un entrenador o un pastor? Lo haya o no recibido en ese entonces, puede darlo ahora. Busque oportunidades para animar a otros con sus palabras. Puede ser que cambie sus vidas.

LES... RECAPITULANDO

Numerosos estudios confirman el hecho que cuando se dicen las palabras correctas en el momento correcto, se genera una serie de resultados positivos. Uno de los más importantes es la confianza. Cuando usted ofrece algo a una persona en necesidad —aun cuando se trate de un desconocido— es muy probable que usted se convierta en una persona confiable y la gente lo perciba como alguien honorable. Seguramente lo verán como alguien considerado y en quien se puede confiar.[3] ¿No le anima saber eso?

Para aplicar esta enseñanza a su propia vida....

Olvídese:
De lo que quiere decir y enfóquese en lo que la otra persona necesita escuchar.

Pregúntese
¿Qué es lo que me gustaría escuchar si estuviera en el lugar de la otra persona?

Hágalo
Haga que el día de alguien sea diferente. O quizás, toda su vida, diciendo las palabras adecuadas en el momento oportuno y hágalo de corazón.

Recuerde
«Manzana de oro con figuras de plata es la palabra dicha como conviene».

8

ALIENTE LOS SUEÑOS
DE LOS DEMÁS

Aléjese de los que tratan de menospreciar sus ambiciones.
Las personas insignificantes siempre hacen eso, pero los
realmente grandes hacen que usted también se sienta
como que puede llegar a ser grande.
—MARK TWAIN

LES... OBSERVANDO LA PRÁCTICA EN ACCIÓN

Cuando empecé a conversar con el personal de la oficina de John, una de las cosas que descubrí fue que él recibe docenas de cartas cada semana agradeciéndole por los cambios positivos que han experimentado gracias a sus libros, sus seminarios y las lecciones en discos compactos. Le pedí a Sue Caldwell que me permitiera ver algunas de esas cartas. Me trajo un grueso archivador que contenía algunas que ella había compartido con el personal. Al pasar las páginas, noté cuántas veces la gente le escribía acerca de sus esperanzas y de sus sueños nuevamente encendidos.

Dos cartas sobresalían ya que se referían a cosas que ocurrieron en una conferencia para líderes de jóvenes cristianos en la cual John había participado. La primera, escrita por Kevin decía:

¡Gracias! Sin querer ser muy dramático, no puedo empezar sin decirle cuánto valor ha añadido usted a mi vida en los últimos seis años. Yo fui uno de los 5500 prospectos de líderes que asistió a «Catalizador» la semana pasada… Mientras usted nos hablaba, yo sentí como que Dios cóntesto mi oración… Usted dijo: «Desearía que usted creyera en sí mismo como yo creo en usted». Esa es la primera vez que he escuchado eso de alguien de su generación. Oír eso me llenó de mucha energía.

La segunda, estaba escrita por Matt y decía:

En los últimos meses me había desanimado mucho y me había hecho a la idea de que el sueño (que yo antes había tratado de alcanzar) se estaba muriendo. Asistí a «Catalizador 2003». Sin esperarlo, Dios se movió en mi corazón y me aseguró que su plan todavía estaba vigente. Cuando usted oró por nosotros durante la sesión, no pude dejar de llorar. Sus palabras venían directamente del corazón de Dios al mío. Nunca olvidaré ese momento… Gracias por impactar mi vida.

Matt siguió diciendo que había renovado su sueño y que perseveraría durante este período de preparación.

Al hablar con los empleados y socios de John, me di cuenta que él repetidamente ha alentado sus sueños, aun cuando eso signifique perder a alguien que aprecia. A menudo, cuando Tim Elmore —pastor que fue parte del personal de John en San Diego por más de 10 años— ha sido reclutado por otra organización, va donde John y le pide que «se quite el sombrero de patrón y se ponga el de mentor» para poder pedirle un consejo.

Tim dice que John se porta notablemente objetivo y varias veces lo ha animado, diciéndole: «Puede que éste sea un buen cambio para ti. No quiero que te arrepientas por no intentarlo. Yo creo que deberías ir».

En uno de esos viajes, finalmente Tim se fue tras aceptar un trabajo como vicepresidente de una organización al margen de la iglesia en Colorado. John se mantuvo alentándolo todo el tiempo. Realmente quería que Tim realizara sus sueños y alcanzara su potencial.

JOHN... CON UN MOMENTO DE ENSEÑANZA AL ESTILO MAXWELL

Lo considero un gran privilegio cuando la gente me comparte sus sueños. Eso me demuestra su aprecio y confianza. Cuando tal cosa sucede, estoy consciente que tengo un gran poder en sus vidas. Eso no es algo insignificante porque una palabra inadecuada puede destrozar el sueño de una persona; en cambio, una palabra adecuada puede inspirar a esa persona a que siga tratando de hacer de su sueño una realidad.

Si alguien lo considera a usted tan importante como para compartirle sus sueños, póngale atención y recuerde esto mientras anima a esa persona:

COMPRENDA QUE LOS SUEÑOS SON FRÁGILES

La actriz Candice Bergen comentó: «Los sueños están, por definición, condenados a lapsos de vida breve». Sospecho que ella dijo eso porque hay personas que no quieren ver a otros persiguiendo sus sueños. Eso les recuerda lo lejos que están ellos de sus propios sueños. Por eso, tratan de derribar a

> Los sueños están, por definición, condenados a lapsos de vida breve.
>
> —Candice Bergen

cualquiera que está disparándole a las estrellas. Al desanimar a otros, las personas que critican se excusan a sí mismas por quedarse en sus zonas de comodidad.

No sea un asesino de sueños, más bien conviértase en un generador de sueños. Aunque piense que el sueño de otra persona es muy difícil de alcanzar, eso no es ninguna excusa para que la desanime.

ABANDONAR UN SUEÑO ES UNA GRAN PÉRDIDA

¿Ha abandonado usted alguno de sus sueños? ¿Ha enterrado una esperanza que alguna vez fue brillante y lo llenó de energía? Si es así, ¿Qué causó eso en usted? Norman Cousins, ex editor de la revista *Saturday Review* y profesor asociado de psiquiatría de UCLA, solía decir: «La muerte no es la pérdida más grande que existe. La pérdida más grande es aquello que muere dentro de nosotros mientras estamos vivos».

> «La muerte no es la pérdida más grande que existe. La pérdida más grande es aquello que muere dentro de nosotros mientras estamos vivos».
>
> —Norman Cousins

Nuestros sueños nos mantienen vivos. En una ocasión, Benjamín Franklin dijo: «La mayoría de los hombres mueren del cuello para arriba cuando llegan a los veinticinco años porque dejan de soñar». Por eso es tan importante que usted mantenga vivo el sueño de los demás. Al hacerlo, estará, literalmente, ayudándolos a vivir y, al mismo tiempo, estará alimentando sus almas.

ANIMAR A OTROS PARA QUE VAYAN TRAS SUS SUEÑOS ES DARLES UN REGALO MARAVILLOSO

Ya que los sueños son el centro del alma, debemos hacer todo lo posible para lograr que esos sueños se realicen. Ese es uno de los mejores regalos que podemos dar. ¿Cómo? Siga estos seis pasos:

1. *Pídales que le compartan su sueño*. Todos tenemos un sueño, pero a pocos se les pide que lo cuenten.
2. *Ratifique a la persona tanto como a su sueño*. Hágale saber que usted no solo valora su sueño sino que también ve rasgos en ella que le ayudarán a alcanzarlo.
3. *Pregúnteles cuáles desafíos tienen que vencer para que su sueño se cumpla*. Pocos preguntan a otros sobre sus sueños; y mucho menos se pregunta sobre los obstáculos que tienen que vencer para alcanzarlos.
4. *Ofrezca su ayuda*. Nadie puede cumplir un sueño que valga la pena por sí solo. Le asombrará ver cómo las personas se llenan de vitalidad cuando les ofrece su ayuda.
5. *Mantenga su interés en los sueños de otros*. Si desea ayudar a otros a que cumplan sus sueños, no convierta su participación en algo de un solo día. Pregúnteles cómo les va y apóyelos en lo que se pueda.
6. *Tome una determinación diaria de ser un generador de sueños, no un disipador de ellos*. Todos tenemos sueños y todos necesitamos ánimo. Sincronice su radar mental para estar al tanto de los sueños de los demás y ayudarles en el proceso de alcanzarlos.

LA GENTE MANTENDRÁ SUS SUEÑOS UNA VEZ QUE SE REALICEN

Scott Adams, creador de la tira cómica *Dilbert*, nos cuenta la historia de sus inicios como caricaturista:

Usted no tiene que ser una «persona de influencia» para influir. De hecho, la gente que más influencia ha tenido en mi vida ni siquiera sabe las cosas que he aprendido de ellos. Cuando estaba intentando convertirme en un caricaturista profesional, envié mi carpeta de trabajos a varios editores. Me rechazaron una y otra vez. Uno de ellos, hasta me llamó para decirme que debía tomar clases de arte. Seguí intentándolo hasta que Sara Gillespie, una editora de United Media y una experta en su área, me ofreció un contrato. Al principio, no le creí. Le pregunté si quería que cambiara mi estilo, que trabajara con un compañero o que aprendiera a dibujar. Sin embargo, ella creía que yo era lo suficientemente bueno como para ser un caricaturista cuya labor se publicara nacionalmente. Su confianza en mí hizo que cambiara mi perspectiva y alteró lo que pensaba de mis capacidades. Esto le puede sonar extraño, pero desde el momento que colgué, empecé a dibujar mejor. Usted puede ver una notable mejoría en la calidad de las caricaturas que he dibujado desde esa conversación.

La editora Sara Gillespie le dio a Adams la oportunidad de que cumpliera su sueño, pero debido a que muchos lo habían desanimado, él se sentía incapaz para aceptar la oferta. Sin embargo, gracias al ánimo de la señora Gillespie y a la oportunidad que le dio, *Dilbert* es ahora una de las tiras cómicas más populares en los Estados Unidos.

No sabemos lo que sucedería si empezara a alentar los sueños de quienes están a su alrededor. Cuando su vida esté por terminar, ¿no le gustaría ser la persona a quien otros se refieran como: «Yo triunfé gracias a que esa persona creyó en mí cuando nadie más lo hizo»?

Comience a animar a los demás. Entre más lo haga, más personas le compartirán sus sueños y más oportunidades tendrá para ver esos sueños florecer.

LES... RECAPITULANDO

En caso que tenga miedo de alentar los sueños de otros pensando que solo haría que la gente camine en las nubes, déjeme decirle que los estudios revelan que esta práctica hace más que sólo encauzar al individuo a buscar algo positivo en el futuro. En realidad lo hace comprometerse más con sus actividades presentes. Técnicamente hablando, a esto se le llama «modelo de desempeño de resonancia», pero sin importar cómo se llame, no hay nada malo en estimular los sueños de los demás.

Para aplicar las enseñanzas de John en su propia vida...

Olvídese
De criticar el sueño de otra persona. Más bien, identifíquese con su visión y su deseo de alcanzarla.

Pregúntese
¿A quién puedo animar hoy para que cumpla sus sueños?

Hágalo
Ofrezca ayuda para hacer que la persona esté más cerca de cumplir su sueño.

Recuerde
Cuando una persona está compartiendo su sueño con usted, está compartiéndole algo que está en el centro de su alma.

9

Déles el mérito
a los demás

*Si tuviéramos que confesar cuál es el mayor deseo de
las personas, qué es lo que inspira sus planes y sus
acciones, diríamos: «querer ser elogiados»*
—E. M. Cioran

❧

LES... OBSERVANDO LA PRÁCTICA EN ACCIÓN

Uno de mis temas favoritos de conversación con John es la industria editorial. Hemos hablado de ese tema por casi dos décadas. Ideas para libros, títulos, campañas de mercadeo, editoriales, espacio en los anaqueles en las librerías, agentes, etc. Hemos hablado de casi todos los aspectos concebibles de esta industria. Y ya que John ha sido uno de los autores más exitosos en el área de liderazgo vendiendo más de nueve millones de ejemplares, siempre he estado interesado en aprender de su experiencia en materia de publicaciones.

Hace un tiempo, John y yo compartíamos la plataforma en una conferencia en Virginia y entre las sesiones le pedí que me hablara de algún momento especial en su carrera como autor.

«Caramba, eso es difícil», me dijo: «He sido bendecido de maneras que nunca me hubiera imaginado».

«Con seguridad debe haber algo» lo presioné sutilmente.

«Bien, cuando el libro *Las 21 leyes irrefutables del liderazgo* vendió un millón de ejemplares, Thomas Nelson, la casa editorial que lo publicó hizo un banquete para 120 personas de su compañía y de INJOY para celebrar la ocasión. Me dieron varios hermosos regalos, incluyendo esto». John se estiró las mangas de su camisa y me mostró las mancuernillas de oro que traía. Cada una de ellas llevaba el número 21. «Esa noche fue increíble».

Poco tiempo después, hablé con algunas de las personas que asistieron al banquete. Kevin Small, el presidente de INJOY, me contó que cuando John se levantó a hablar, dio las gracias y rápidamente comenzó a atribuirles mérito a las personas que habían hecho ese éxito posible. Habló de cómo Víctor Oliver había presentado el concepto original del libro y el título. Reconoció a un grupo de líderes clave de INJOY que le ayudaron a afinar esas leyes. Agradeció a Charlie Wetzel, su escritor, por su habilidad para escribir el libro. Agradeció a Ron Lana de Thomas Nelson, a Kevin Small de INJOY y a su equipo por organizar el tour del libro que hizo que llegara a estar en la lista del *New York Times* de los más vendidos. Agradeció al editor Mike Hita, al equipo de ventas de Nelson, al personal de mercadeo, a los distribuidores y a muchas otras personas, incluyendo sus padres. Kevin me dijo que cuando John terminó de hablar, había lágrimas en los ojos de todos los invitados.

Hacer que un libro sea exitoso y llegue a las manos de quien lo necesita siempre será un trabajo de equipo, aun cuando no todos los autores lo ven de esa manera. Todas las personas involucradas en el proceso tienen un papel que cumplir y John hizo todo lo posible para dar el mérito y reconocer la contribución de cada una de esas personas.

JOHN... CON UN MOMENTO DE ENSEÑANZA
AL ESTILO MAXWELL

Nunca olvidaré esa noche en Orlando. Cuando escribí ese libro en 1979, nunca soñé que algo que yo escribiera vendería un millón de ejemplares. Esa noche mientras regresábamos al hotel, Margaret me preguntó qué había sido lo mejor del banquete. Sin pensarlo dos veces

le respondí que fue cuando pude darle el mérito a las personas que me ayudaron tanto. Pocas veces tenemos la oportunidad de agradecer lo suficiente a las personas que nos ayudan, especialmente en lugares públicos. Yo deseaba sacarle provecho a ese momento. No solamente nos hace sentir bien compartir un triunfo, sino que también anima a otros. Y los hace sentir como un millón de dólares.

Dar el mérito a los demás es una de las formas más fáciles de ganarse a la gente. Si desea practicarlo, aquí están algunas sugerencias que le pueden ayudar a comenzar:

DEJE SU EGO EN LA PUERTA

La razón número uno por la cual la gente no da el mérito a los demás es porque piensan que de alguna forma pueden perder el suyo. Muchas personas son tan inseguras que constantemente tienen que estar alimentando su ego para sentirse compensadas. Pero no se puede practicar este método de ganarse a las personas si no se deja el ego a un lado.

¿Alguna vez ha escuchado el dicho: «Un egoísta no es alguien que piensa mucho en él, sino alguien que piensa muy poco en los demás»? Si usted quiere darles el mérito a otros, enfóquese en ellos. ¿Qué necesitan? ¿Cómo se sentirán cuando les dé el mérito? ¿De qué manera su desempeño mejorará? ¿De qué manera los motivará para que alcancen su

> «Un egoísta no es el que piensa mucho en él, sino alguien que piensa muy poco en los demás»

potencial? Si destaca las aportaciones que ellos le han hecho, eso los hará quedar bien a ellos y a usted.

No espere. Dé el mérito tan pronto como sea posible

Me encanta lo que H. Ross Perot dijo una vez cuando hablaba sobre dar méritos: «Recompense a sus empleados mientras el sudor todavía se les ve en las cejas». ¿No es cierto que el mejor momento para reconocer el mérito de los demás es cuando la cantidad de trabajo y sacrificio realizado todavía está reciente en sus mentes? ¿Por qué esperar?

Es probable que haya escuchado la enseñanza del experto en administración Ken Blanchard acerca de pescar a las personas mientras están realizando algo bueno. ¡Qué gran idea! Entre más rápido dé usted el mérito a alguien más, mayor será la recompensa.

En el año 2003, cuando entrevisté a John Wooden, el entrenador de baloncesto de la UCLA me comentó que a sus jugadores les decía frecuentemente que cuando anotaran, se volvieran al jugador que les dio el pase y le dieran una sonrisa, un guiño de ojo o una señal de agradecimiento. «¿Y qué tal si no me está viendo?» preguntó un jugador. Wooden le contestó: «Te aseguro que te estará mirando». A todos nos gusta que nuestra aportación sea reconocida.

Dígalo en público

Ya ha leído el capítulo que le invita a elogiar a las personas en público, pero es bueno recordarlo. Cuando usted les da el mérito a los demás enfrente de su círculo de amigos y de sus seres queridos, el valor de ese elogio se multiplica. Billy Martin, ex jugador y administrador de los Yankees de Nueva York, comentó: «No hay nada mejor en el mundo que cuando alguien del equipo hace algo bueno y todos los demás se reúnen para darle una palmadita en la espalda». Cuando usted da mérito en público, está ayudando a crear la clase de ambiente que Martin describe.

PÓNGALO POR ESCRITO

Cuando se le da el mérito a las personas de manera verbal, se los está animando por un momento. Cuando se hace por escrito, se los está animando para toda la vida. La gente coloca placas en sus paredes como recuerdo de sus logros. Guardan y atesoran cartas que hablen del reconocimiento y el aprecio por las cosas que hicieron. Muy dentro de nosotros, todos queremos marcar una diferencia y de vez en cuando necesitamos algo de ánimo.

Yo tengo un archivo en mi oficina con cartas y notas que tienen un significado especial para mí. De vez en cuando saco el archivo y leo algunas de las cosas que personas que respeto han dicho de mí. Eso me ayuda a revivir ese momento de estímulo. Se dice que el presidente Abraham Lincoln solía llevar consigo un artículo del periódico que hablaba de sus logros como presidente. Él fue uno de los más grandes líderes de la historia de los Estados Unidos, y sin embargo, deseaba algo que lo mantuviera animado.

Por favor no subestime el impacto que un artículo, una nota pública o personal puede lograr. Lo que le toma a usted tan sólo unos minutos en escribir puede ser algo que inspire a otra persona por décadas.

LO QUE DIGA, DÍGALO DE CORAZÓN

Me encanta este chiste: Un anciano estaba agonizando en su cama y su esposa estaba sentada cerca de él. Cuando él abrió sus ojos y la vio, le dijo: «Aquí estás Agnes, a mi lado de nuevo».

«Sí, querido» le contestó ella.

«Ahora que lo pienso», dijo el anciano, «recuerdo todas las veces que has estado a mi lado. Estuviste a mi lado cuando recibí la noticia de reclutamiento y tuve que ir a la guerra. Estuviste a mi lado cuando nuestra primera casa se quemó. Cuando tuve el accidente que despedazó nuestro auto. Y estuviste a mi lado cuando mi negocio se fue a la bancarrota y lo perdimos todo».

«Sí, querido», dijo su esposa.

El anciano suspiró.

«Agnes», le dijo, «tú me has traído mala suerte».

Puede parecer obvio, pero quiero decirlo de tal forma que no se malentienda. Nunca diga algo que no cree sólo para animar a alguien. Si no es sincero, usted no hará que las personas se sientan bien; hará que se sientan engañadas. Cuando usted da el mérito a los demás, necesita hacerlo de corazón.

LES... RECAPITULANDO

Dar crédito a los compañeros de trabajo o a los colegas es más que una buena actitud. De acuerdo con los estudios, cuando usted da el mérito a otros, está cambiándoles su bioquímica y creando una «huella emocional» que lo relacionará con los triunfos que ellos tengan.

Para aplicar la enseñanza de John a su propia vida...

Olvídese:

De su ego. Enfóquese en las personas a su alrededor y déles el mérito que se merecen.

Pregúntese

¿Quién me ha hecho tener más éxito que el que hubiera logrado por mí mismo?

Hágalo

Dé el mérito públicamente por un gran esfuerzo a tantas personas como le sea posible.

Recuerde

Si tuviéramos que confesar cuál es nuestro mayor deseo, diríamos: «quisiera ser elogiado».

10

DÉ LO MEJOR DE USTED

Hago lo mejor que sé hacer, lo mejor que puedo hacerlo;
y deseo seguir haciéndolo así hasta el final.
—ABRAHAM LINCOLN

LES... OBSERVANDO LA PRÁCTICA EN ACCIÓN

Desde hace muchos años he venido recibiendo las cintas con las lecciones de liderazgo que John enseña cada mes. Después de haber escuchado una de ellas titulada «Preparación: la diferencia entre ganar y perder», tuve que hacerle una pregunta a John.

«Me encantó la enseñanza y saqué algunas cosas que me han ayudado», le dije, «pero necesito hacerte una pregunta. ¿Realmente crees que la preparación es tan importante en la vida de una persona?»

«Absolutamente», me respondió. «Es lo que realmente marca la diferencia entre los ganadores y los perdedores. La preparación es más que una disciplina, es una actitud, un estilo de vida. Mi padre solía citar el versículo de la Biblia que dice: "Todo lo que te viniere a la mano para hacer, hazlo según tus fuerzas". En otras palabras, en lo que hagas o en lo que tengas, ofrece lo mejor de ti. Yo trato de seguir ese principio en todo lo que hago».

He observado a John por años y sé que es cierto. Todo lo que hace, lo hace con excelencia, pero es aun más que eso. Mientras estábamos trabajando en este libro, tuvimos una reunión en San Diego. Al mismo tiempo, John esperaba noticias sobre el nacimiento de su cuarto nieto. Cuando acabó la reunión, nos llevó a cenar a Peohe´s, su restaurante favorito en San Diego, el cual tiene un excelente menú y una vista aun mejor. Se encuentra en la isla de Coronado, frente a la zona escénica de la bahía de San Diego.

Nos ubicaron en la sección externa, cerca del agua. Inmediatamente John y Margaret tomaron los asientos que veían hacia el restaurante para que todos los demás disfrutáramos de la vista de la bahía. Durante la reunión en la oficina que también tenía vista al mar, John también se había sentado de espaldas a la ventana, permitiendo que las otras personas que venían de visita pudieran disfrutar de la vista. Y en ninguno de los casos había sido una coincidencia. Yo conozco a John y sé que piensa en los detalles. Había escogido el peor asiento porque quería ofrecernos lo mejor a nosotros.

JOHN... CON UN MOMENTO DE ENSEÑANZA AL ESTILO MAXWELL

Por años he sido invitado a ser el orador para varias organizaciones en sus eventos especiales. Eso es algo que yo disfruto mucho. Comunicarme con una audiencia me llena de energía. Sería fácil para mí «improvisar» o hacer algún discurso envasado que haya hecho antes en alguna otra parte. Pero no lo hago porque no creo que eso sea correcto. Más bien, dedicó tiempo para informarme sobre la compañía. Averiguo tanto como pueda acerca del evento en particular y lo que ellos desean lograr. ¿Por qué haría eso sabiendo que no lo necesito para tener éxito? Lo hago porque tengo una meta cada vez que hablo. Quiero que la persona que me invitó a hablar diga después: «Usted sobrepasó nuestras expectativas». Quiero darles lo mejor.

Quizás usted sea de las personas que ya poseen esa mentalidad de dar lo mejor. Si es así, lo felicito y lo animo para que mantenga esa actitud. Pero si no, espero que las siguientes ideas le ayuden a desarrollar esa mentalidad:

CUALQUIER PERSONA PUEDE SER IMPORTANTE PARA MÍ

Es muy probable que demos lo mejor de nosotros mismos a aquellos a quienes amamos y respetamos. Recuerdo cuando en mi época en la escuela quería a algunos maestros y sentía cierta aversión por otros. Siempre di lo mejor de mí a los maestros que quería y a los otros sólo les daba lo necesario para aprobar el curso. Más tarde me di cuenta que esas actitudes con frecuencia dañaban mis relaciones con los demás al igual que mi potencial para tener éxito. Pero entonces descubrí el antídoto: Si veía a *todos* como personas importantes, no sólo a los que me caían bien, entonces siempre podría dar lo mejor de mí. Ese cambio de actitud impulsó un cambio en mis acciones.

CUALQUIER COSA QUE HAGAMOS PUEDE SER IMPORTANTE

La mayoría de los momentos en la vida serán especiales si los vemos de esa forma. Un día promedio será sólo un día promedio porque no habremos hecho que sea especial. La mejor manera de elevar una experiencia es dar lo mejor de nosotros. Eso la hace especial. Una conversación normal se vuelve mejor cuando se escucha con interés. Una relación común se transforma cuando uno hace un mayor esfuerzo. Un evento insignificante se vuelve algo especial cuando se le agrega creatividad. De cualquier cosa se puede hacer algo importante si la persona da lo mejor de sí.

Usted puede ser importante para todos

¿Quiénes son las personas más importantes en su vida? ¿Son aquellas que nunca le dedican tiempo, o las que nunca están con usted cuando las necesita? Por supuesto que no. Generalmente, las personas que son importantes son aquellas que lo hacen sentirse importante. Nosotros valoramos instintivamente a las personas que nos valoran. Si usted quiere ser importante para otros, déles importancia. La manera más efectiva de hacerlo es dar lo mejor de sí.

Aproveche sus dones y sus oportunidades

Hace más de 30 años memoricé una cita que ha determinado la manera en que vivo: «Mi potencial es un regalo de Dios para mí. Lo que yo haga con mi potencial es mi regalo para Él». Soy responsable ante Dios, ante los demás, y ante mí por cada don, talento, recurso y oportunidad que tenga en la vida. Si doy menos de lo que puedo, estoy eludiendo mi responsabilidad. Creo que el entrenador de UCLA, John Wooden hablaba de eso cuando decía: «Has que cada día sea una obra de arte».

> «Mi potencial es un regalo de Dios para mí. Lo que yo haga con mi potencial es mi regalo para Él».

Si damos lo mejor de nosotros todo el tiempo, podemos hacer de nuestra vida algo especial. Y eso se reflejará en las vidas de los demás.

Hay una historia que me encanta acerca del presidente Dwight Eisenhower. Una vez se dirigió a los miembros del Club Nacional de la Prensa y les dijo que le dolía no haber tenido una mejor formación política que le ayudara a ser un mejor orador. Que su falta de capacidad en esa área le recordaba su niñez en Kansas, cuando un viejo granjero estaba tratando de vender una vaca. El comprador le preguntó por el pedigrí de la vaca, la producción de crema y la producción mensual de leche. El granjero le respondió: «Yo no sé cuál es su pedigrí y no tengo idea de la producción de crema pero es una buena vaca y te dará toda la leche que tiene». Eso es todo lo que podemos hacer, dar todo lo que tenemos. Eso siempre es suficiente.

LES... RECAPITULANDO

Una gran cantidad de investigación psicológica reciente se ha enfocado en el valor de las virtudes. Y los expertos están descubriendo que cuando la gente se esfuerza por alcanzar un grado de excelencia en los rasgos del carácter —por ejemplo, cuando se esfuerzan por poseer un espíritu generoso—, generalmente se benefician mientras están en el proceso de beneficiar a otros. A esto se le llama cultivar «satisfacciones».[1] No se necesita de un estudio de investigación para saber que cuando uno da lo mejor de sí, automáticamente se sentirá satisfecho.

Para aplicar la enseñanza de John a su propia vida...

Olvídese:
De hacer lo mínimo para apenas aprobar sino que aplíquese a hacer su mejor esfuerzo.

Pregúntese
¿Qué puedo hacer por alguien que sé que no me puede devolver el favor?

Hágalo
Dé voluntariamente más de lo que se requiere.

Recuerde
Todos apreciamos a una persona que da lo mejor de sí.

11

Comparta un secreto con alguien

No oculte su secreto a su amigo o
perderlo será su merecido.
—Proverbio portugués

LES...OBSERVANDO LA PRÁCTICA EN ACCIÓN

En 1996 John tomó una decisión muy importante que concernía a su compañía y por un tiempo a sólo unos pocos se lo dijo. Charlie Wetzel era uno de ellos. Esto fue lo que Charlie comentó acerca de lo que eso significó para él y su relación con John:

> Un día, John me pidió que fuera a la oficina de su casa para que trabajáramos en el libro que estábamos preparando por esos días. Fue una sesión de trabajo muy productiva y cuando hubimos terminado, John me dijo: «Charlie, antes que te vayas quiero hablarte de algo».
>
> Cuando un empleado escucha esas palabras de su jefe, de inmediato pone atención. Algunas veces las palabras que siguen

incluyen frases como «economía difícil», «mal desempeño», o «¡Estás despedido!»

John continuó diciendo: «En un año aproximadamente, mudaremos la compañía fuera de San Diego. No vamos a anunciarlo todavía a todo el personal pero se lo estoy contando a las personas del equipo ejecutivo —mi círculo íntimo— para que puedan empezar a procesar la información. Nos vamos a mudar a Atlanta».

Luego me explicó que estar viajando fuera de San Diego estaba afectándolo no solo a él sino a los otros consultores que trabajaban para la compañía. Que cuando le pidió a su asistente, Linda Eggers, que calculara cuántos días había ocupado él durante el año anterior en conexiones de vuelo de San Diego a Dallas, Chicago o Atlanta, Linda regresó con una cantidad que lo dejó boquiabierto: ¡Treinta días! Fue allí que John se dio cuenta que tenía que hacer algo.

Tuve que empezar a procesar toda esa información. Luego, John me dijo: «Charlie, espero que vengas con nosotros».

John sólo habló conmigo por unos pocos minutos, pero lo que me comunicó cambió toda mi vida. Llevaba casi dos años de estar trabajando con él y ya habíamos escrito cinco o seis libros juntos. Yo había trabajado arduamente y él siempre había sido muy generoso con sus elogios, pero no tenía idea que me valorara tanto. Una vez que me compartió ese secreto, mi lugar en su estima, en mi carrera y hasta en mis propios ojos cambió.

John ha hecho muchas cosas maravillosas por mi familia y por mí a través de los años. Es muy generoso y muchas de esas cosas le han costado tiempo y dinero. Compartir su secreto sobre la mudanza no le costó nada; sin embargo, causó un gran impacto en mí. Me hizo sentir como un millón de dólares.

No es un secreto, lo poderoso que puede ser compartir algo con otra persona. Es una manera infalible de ganarse a las personas.

JOHN... CON UN MOMENTO DE ENSEÑANZA
AL ESTILO MAXWELL

Un proverbio siciliano dice: «Sólo la cuchara sabe lo que se está revolviendo en la olla». Cuando se le permite a otra persona saber lo que está pasando dentro de uno, cuando se le da una «saboreada» de un plan o una idea, instantáneamente nos estamos asegurando una conexión significativa con esa persona. ¿Quién no quiere saber lo que está pasando por la mente de alguien que uno aprecia?

Haber leído la historia de Charlie Wetzel puede que lo haya hecho pensar que compartir un secreto con alguien siempre tiene que ser algo con ramificaciones que cambien su vida; pero no siempre es así. Por supuesto, cuando se les permite a las personas saber de algo impactante, eso crea una gran impresión. Pero usted puede compartir una parte secreta de su vida diaria usando cosas de la vida cotidiana. La primera vez que usted comparte algo con otros ¿no está compartiendo algo que ha sido un secreto hasta ese momento? ¿Por qué no le dice a la persona con quien está hablando que es la primera vez que usted está revelando eso? Eso lo hará sentirse especial.

Compartir un secreto con alguien es en realidad cuestión de dos cosas: conocer el contexto de una situación y desear edificar a la otra persona. Si usted lo hace, podrá aprender esta habilidad. Mientras lo intenta, mantenga en mente estas tres cosas:

1. COMPARTIR UN SECRETO SIGNIFICA DAR INFORMACIÓN VALIOSA

Cuando usted comparte un secreto, debe ser información que la persona con quien está hablando esté interesada en escuchar. Que sea parte de su interés o llene una necesidad que ellos posean. Por ejemplo, dos experimentados pescadores de alta mar decidieron un día ir a pescar en el hielo. Ambos hicieron hoyos en el hielo, pusieron carnadas en los anzuelos, soltaron las cuerdas y esperaron. Después de tres horas, no habían sacado nada.

Mientras estaban allí sentados, vieron llegar a un niño que también hizo un hoyo entre ellos dos. Puso una carnada en su anzuelo, dejó caer la cuerda en el agua y en unos instantes sacó un pez. El niño repitió el proceso y en poco tiempo ya había sacado más de una docena de peces. Los otros dos pescadores lo miraban asombrados.

Finalmente, uno de los hombres se le acercó y le dijo: «Jovencito, hemos estado aquí por más de tres horas y no hemos pescado nada. Y tú, en solo unos minutos, has pescado al menos una docena. ¿Cuál es tu secreto?»

El muchacho masculló una respuesta, pero el hombre no le entendió. Vio entonces que la mejilla izquierda del niño tenía un abultamiento. «Por favor» le pidió, ¿podrías sacarte el chicle de la boca, para que pueda entender lo que dices?»

El niño hizo una taza con sus manos, escupió lo que tenía en la boca y le dijo: «No es chicle; es mi secreto. Uno tiene que mantener la carnada caliente».

2. COMPARTIR UN SECRETO HACE QUE LAS PERSONAS SE SIENTAN ESPECIALES

Hacerles saber algo a otras personas siempre les eleva el ego. El comentario de Charlie lo dice todo: «No tenía idea que me valorara tanto. Una vez que me contó ese secreto, mi lugar en su estima, en mi carrera y hasta en mis propios ojos cambió». Pero tal como lo he dicho, el secreto no necesariamente tiene que ser dramático para que tenga un efecto positivo. Por ejemplo, cuando juego golf, generalmente traigo conmigo una tarjeta plastificada que contiene algunos consejos que me dio el jugador profesional Scott Szymoniak. En ocasiones, si un amigo del grupo no está jugando bien, lo llamo a un lado y le digo: «Quiero compartirte un secreto que me ha ayudado en el juego». Saco mi tarjeta y le muestro las seis cosas básicas que un golfista debe conocer y realizar. Le digo también que es mi plan personal para jugar golf y que no lo comparto con todo el mundo.

¿Cómo se siente usted cuando sabe que es el primero a quien se le dice algo? A mí me hace sentir especial. Esa es una de las razones por las que mi esposa Margaret y yo hemos practicado decirnos antes que a ninguna otra persona muchas cosas que nos han sucedido en el día. ¿Cómo lo hago? Siempre llevo una pequeña libreta conmigo donde escribo las cosas que quiero contarle.

Cualquier cosa que escribo, la «archivo» para contársela primero a ella. Eso nos da momentos especiales cada día.

3. **COMPARTIR UN SECRETO HACE QUE LOS DEMÁS SE SIENTAN INCLUIDOS EN SU EXPERIENCIA**

Lo principal al compartir un secreto con otros es que al hacerlo se está creando un acto de inclusión. Es una forma de invitar a las personas a su vida, a su experiencia. Los incluye en su triunfo. Cuando le hablo a una audiencia —sea una mesa redonda de ejecutivos o un estadio lleno de personas— utilizo intencionalmente un lenguaje inclusivo. Permito a mis oyentes que entren en mi experiencia personal. Y cuando estoy revelándoles algo que no he dicho previamente en público, les hago saber que lo estoy haciendo. Esa acción les comunica a las personas cuánto me importan y que deseo ayudarlas.

> Lo principal al compartir un secreto con otros es que al hacerlo se está creando un acto de inclusión.

LES... RECAPITULANDO

Un estudio dice que cuando a las personas se las hace «partícipes de un secreto», muchos atributos positivos llegan a relacionarse con sus vidas. Por ejemplo, es mucho más probable que sientan que sus trabajos llenan sus ambiciones. Que quieran ser más activos en el servicio público. Que tengan patrones de amistades más duraderas y matrimonios más felices. Los investigadores le llaman a esto: «mecanismo mental de adaptación».[1]

No importa la terminología que use, el resultado de compartir secretos con otros es más que simplemente impartir información. Usted está aumentando las probabilidades para una relación más estrecha.

Para aplicar las enseñanzas de John a su vida...

Olvídese:
De acaparar la información sólo para usted.

Pregúntese
¿A quién más podría beneficiar compartiéndole una información privada?

Hágalo
Encuentre a alguien a quien compartirle un secreto hoy.

Recuerde:
Compartir un secreto con alguien hace que la autoestima de este individuo se eleve.

12

Extraiga el oro de las buenas intenciones

Errar es humano; perdonar no es una política de la compañía.
—Anónimo

Les... observando la práctica en acción

¿Le cuesta otorgarle a alguien el beneficio de la duda? ¿Extraer el «oro» de sus buenas intenciones? A mí me sucede. Especialmente cuando sé que me han fallado o cuando han tratado de causarme algún daño. Pero si usted es como yo, también sabe que esta tendencia puede ser un error interpersonal muy costoso si uno quiere ganarse a las personas. Así que cuando le confesé a John este defecto, él se identificó inmediatamente con lo que le dije, pero también me dijo que había aprendido a darles a las personas el beneficio de la duda: lo aprendió de su madre.

«Mi madre me conocía muy bien y siempre evaluaba mi conducta basándose en eso» me explicó. «Hoy, cuando le digo a alguien: "No era mi intención hacer eso" a menudo desearía que pudieran "extraer el oro de mis buenas intenciones" como mi madre lo hacía. Su aptitud y su disposición para hacer esto en mi vida fue un gran regalo y me ha ayudado a conceder el beneficio de la duda a los demás».

«¿Quieres decir que tu mamá pasaba por alto todos tus errores?» le pregunté.

John sonrió.

«No, definitivamente no. A mí también me reprendieron igual que a todos los niños. ¡Y te aseguro que me lo merecía! No obstante, mi madre no se precipitaba en sus conclusiones conmigo. Ella nunca asumía lo peor, más bien, siempre asumía lo mejor. Y allí está la clave para cultivar esta cualidad».

Y continuó diciendo: «Su actitud me trajo muchos beneficios. Me permitió acercarme más a ella y sentirla más accesible. Hizo que diera lo mejor de mí y me enseñó cómo hacer esto con los demás».

«Está bien» mientras pensaba en sus palabras, le pregunté, «¿No crees tú que una persona que no fue criada bajo ese modelo, va a tener dificultades para hacer eso?»

«No lo creo», me contestó. «Claro que una persona que no tuvo una vida hogareña positiva no hará eso de manera natural, pero a decir verdad, darle a una persona el beneficio de la duda es una elección. He visto a muchas personas que crecieron con desventajas y aun así lograron triunfar en todo el sentido de la palabra».

Es esperanzador oír eso.

JOHN... CON UN MOMENTO DE ENSEÑANZA AL ESTILO MAXWELL

Seamos honestos. No todos tienen buenas intenciones. Si usted es de los que extraen el oro de las buenas intenciones, probablemente se encontrará con personas que quieran aprovecharse de usted. A mí me ha pasado y me seguirá pasando. Pero debido a que ahora asumo lo mejor de la gente, muchos han hecho cosas maravillosas para mí, tantos que no puedo ni contarlos.

Me he dado cuenta que cuando sospecho de alguien, eso me hace tener una actitud errada hacia esa persona. Y, por supuesto, eso hace que la interacción con ella sea aun peor. En general, uno obtiene lo que espera de los demás. Así que he decidido tomar el camino menos complicado, esperar lo mejor y ser bendecido la mayor parte del tiempo. Si usted desea tener la misma experiencia que yo, entonces, haga esto:

Piense bien de las personas

La primera cosa que necesita hacer es analizar su actitud. ¿Cómo mira a los demás? ¿Cree que las personas desean ser buenas? ¿Que quieren dar lo mejor de sí? Eso importa, porque si no piensa bien de los demás, nunca creerá que sus intenciones son buenas. Y si no cree en sus intenciones, me imagino que no se esforzará por «extraer» el oro que hay en ellos.

Mire las cosas desde la perspectiva de las personas

Este asunto de la perspectiva realmente tiene que ver con la madurez. Piense en aquellos dos niños exploradores inexpertos cuyo hermanito menor había caído en un lago. Corrieron hasta su casa, donde estaba su madre. Y uno de ellos le dijo sollozando: «Tratamos de darle respiración boca a boca, pero él insistía en pararse y salir corriendo».

Sin madurez, no hay perspectiva. Entre más inmadura sea una persona, más difícil será que vea las cosas desde otro punto de vista. Piense en la historia bíblica de la mujer que fue encontrada en adulterio y cómo Jesús desafió a las personas para que los que no tuvieran pecado tiraran la primera piedra. Las personas *mayores* en la multitud fueron los primeros en dejar caer las piedras y alejarse. ¿Por qué? Porque su madurez les daba una mejor perspectiva.

«Ya que nuestra tendencia es vernos a nosotros mismos a la luz de nuestras *intenciones*, las cuales son invisibles a los demás», dijo el filósofo J.G. Bennet, «y vemos a los demás a la luz de sus acciones, las cuales son visibles a nosotros, entonces tenemos una situación en la cual el malentendido y la injusticia están a la orden del día». Y es por eso precisamente que la habilidad para ver las cosas desde otra perspectiva es esencial para extraer el oro de las buenas intenciones de los demás.

CONCEDA A LAS PERSONAS EL BENEFICIO DE LA DUDA

Seguramente cuando usted era un niño, le enseñaron la regla de oro: «Has a los demás lo que quisieras que hagan contigo». Con frecuencia, cuando mis intenciones eran buenas pero mis acciones no, yo deseaba que los demás me vieran a la luz de la regla de oro. En otras palabras, quería que los demás me dieran el beneficio de la duda. ¿Por qué entonces no utilizo esa misma cortesía con los demás?

———— ∞ ————

«Sabiendo que nada de lo que hacemos tiene el sello de la perfección y nada de lo que logramos deja de tener la marca de una humanidad limitada y falible, lo único que nos salva es el perdón».
—David Augsburger

———— ∞ ————

Frank Clark comentó: «Qué grandes logros tendríamos si cada persona hiciera lo que pensaba hacer». Aunque estoy de acuerdo con eso, me gustaría agregar: «Qué bellas relaciones tendríamos si todas las personas fueran apreciadas por lo que pensaban hacer, a pesar de lo que pudieran haber hecho». Cuando usted le da a alguien el beneficio de la duda, está siguiendo la regla interpersonal más efectiva jamás escrita.

RECUERDE LO BUENO DE ELLOS Y NO LO MALO

Todos tenemos días buenos y días malos. No sé qué piense usted pero a mí me gustaría que se me recordara por los días buenos. Y sólo me queda pedir perdón por los días malos. El profesor del Seminario Teológico Fuller, David Augsburger dice: «Sabiendo que nada de lo que hacemos tiene el sello de la perfección y nada de lo que logramos deja de tener la marca de una humanidad limitada y falible, lo único que nos salva es el perdón». Si usted desea extraer el oro de las buenas intenciones de los demás, entonces el perdón es esencial. Y difícilmente será cosa de una sola vez. El líder de los derechos civiles Martin Luther King, Jr. tenía razón cuando dijo: «El perdón no es un acto ocasional, es una actitud permanente».

> «El perdón no es un acto ocasional, es una actitud permanente».
>
> —Martin Luther King, Jr.

Y recuerde, esa actitud con la que usted juzga a los demás es con la que también será juzgado. Si extrae el oro de las buenas intenciones en sus relaciones con los demás, entonces es más probable que la gente haga lo mismo con usted.

LES... RECAPITULANDO

Si creció en un ambiente donde siempre asumían lo peor de usted en lugar de lo mejor, anímese. Una investigación realizada en niños, a quienes se estudió durante más de 30 años, descubrió que adultos cariñosos y excepcionales con frecuencia emergieron de una niñez difícil. ¿Qué fue lo que marcó la diferencia? Dos cualidades sobresalieron: (1) Encontraron una buena relación en algún periodo de sus vidas, un mentor u otra clase de modelo a seguir, y (2) Estaban dispuestos a ayudar a otras personas.[1]

Para aplicar la enseñanza de John a su propia vida...

Olvídese:
De la justicia y concéntrese en la gracia y el perdón.

Pregúntese:
¿Cómo me sentiría y qué haría si estuviera en el lugar de esa persona?

Hágalo:
Practique la regla de oro al valorar las intenciones de los demás, no sólo lo que hacen; trátelos de la misma forma que le gustaría que ellos lo trataran a usted.

Recuerde:
Si no puedo pensar bien de otros, no podré esforzarme por «extraer» el oro que se encuentra en ellos.

QUITE SU MIRADA
DEL ESPEJO

Yo no sé cuál será su destino, pero una cosa sí sé:
los únicos entre ustedes que serán verdaderamente felices
son aquellos que hayan buscado y encontrado cómo servir.
—ALBERT SCHWEITZER

LES... OBSERVANDO LA PRÁCTICA EN ACCIÓN

Poco después que John mudara sus compañías desde San Diego, California a Atlanta, Georgia, en 1997, él contrató al investigador George Barna para que viniera a Atlanta y elaborara algún plan estratégico con el equipo ejecutivo. Barna es el director del Grupo Barna, una compañía de estudios de mercadeo localizada en Ventura, California. Esta compañía tiene mucha experiencia analizando las tendencias culturales y recolectando información acerca de la iglesia cristiana.

Líderes y pensadores de las compañías de John se reunieron en el salón de conferencias para una sesión de ocho horas donde podían preguntarle a Barna lo que quisieran y así obtener un plan de negocios y estrategias de mercadeo para los próximos años. No pasó mucho rato para que todos se involucraran en la conversación y empezaran a absorber los pensamientos de Barna. Él respondió todas las preguntas. Discutían conceptos y estrategias y luego expresaban sus ideas a Barna para escuchar su opinión.

Linda Eggers, la asistente de John por muchos años, notó que durante la sesión John escuchaba con atención pero raramente hacía un comentario. Parecía estar contento con sólo escuchar. Al final del día, cuando ella y John se sentaron para hablar de la agenda, la correspondencia, arreglos de viaje y cosas por el estilo, Linda notó que John tenía una hoja llena de preguntas para George Barna que no le hizo.

Linda estaba sorprendida, especialmente porque ella había sido quien había hecho los arreglos para contratar los servicios de Barna y sabía lo que John había pagado por esa asesoría. Por eso, le dijo:

«John, todos hablaron, menos tú. ¿Por qué no le hiciste ninguna de *tus* preguntas?»

«¿Sabes, Linda?» le dijo John. «Todos estaban muy emocionados de reunirse con George y eso les infundió tanta energía, que no quise arruinar el momento. No importa que no haya hecho mis preguntas, otra vez será».

Linda dice que esa es una de las razones por las cuales a ella le encanta trabajar con John. «Sé que porque él se ve imponente y porque tiene un gran carisma enfrente de una audiencia hay personas que piensan que es un arrogante. No saben cuánto piensa en los demás y cómo les da la prioridad».

Si usted se enfoca en los demás, se esfuerza por darles lo que ellos necesitan, entonces quitará su mirada del espejo y esa es una forma maravillosa de ganarse a las personas.

JOHN... CON UN MOMENTO DE ENSEÑANZA AL ESTILO MAXWELL

Una de las preguntas clave que hago en mi libro *Cómo ganarse a la gente* es el factor conexión: ¿Estamos dispuestos a enfocarnos en los demás? El concepto fundamental de esa pregunta se encuentra en el principio de la perspectiva, el cual dice: «Toda la población del mundo, con una pequeña excepción, está compuesta por los demás seres humanos». Si usted nunca ha visto la vida de esa forma, entonces es momento de que lo intente. Si las personas piensan que ellas son el centro del universo, no solamente se van a llevar una gran decepción cuando se den cuenta que no es cierto, sino que también se aislarán de los que están a su alrededor. No he conocido a nadie que sepa ganarse a los demás que no haya perfeccionado la capacidad de dejar de mirarse en el espejo y servir a los otros con dignidad.

La mayoría de las personas admite que el altruismo es una cualidad positiva y hasta el individuo más egocéntrico posee el deseo, dentro de sí, de ayudar a otros. A veces, el problema es cambiar nuestra conducta para adquirir el hábito de concentrarnos en otros en lugar de en nosotros. A continuación encontrará algunos pensamientos que le ayudarán a dejar de mirarse en el espejo:

Enfocarse en los demás le puede dar una sensación de propósito

Si usted creció en los Estados Unidos durante los años cincuenta y sesenta, entonces quizás se acuerde de Danny Thomas, el anfitrión del programa *Make Room for Daddy* (Hagan espacio para papá). En cierta ocasión, Thomas dijo: «Todos nacimos con un propósito, pero no todos lo descubrimos. El éxito en la vida no tiene nada que ver con lo que consigas en la vida o logres por ti mismo, sino con lo que hagas por otros».

Thomas no sólo creía en eso, sino que lo vivía. Como animador exitoso y estrella de televisión, pudo haberse dedicado a disfrutar los beneficios de sus logros. Pero él deseaba algo más. Fundó el hospital St. Jude, un centro de investigaciones que se ocupa de atender a los niños que sufren de las enfermedades más terribles que existen. Y dedicó gran parte de su vida a sostener económicamente ese hospital. Eso lo ayudó a disfrutar de un propósito mucho mayor.

ENFOCARSE EN LOS DEMÁS LE PUEDE DAR ENERGÍA

Enfocarse continuamente solo en usted puede, en realidad, dejarlo sin energía; enfocarse en los demás producirá el efecto contrario. Mi amigo, Bill McCartney sabía de esto y lo utilizó cuando era el entrenador principal de los Búfalos de la Universidad de Colorado. Mac había escuchado que la mayoría de las personas dedican 86% de su tiempo a pensar en sí mismas y sólo 14% pensando en los demás. Pero él sabía instintivamente que si sus jugadores fijaban su atención en alguien a quien apreciaban en lugar de en ellos mismos, una nueva fuente de energía estaría a su disposición.

En 1991, cuando tuvieron que enfrentar un gran reto, decidió usar esta información. Colorado tenía que jugar contra su súper rival, los Cornhuskers de Nebraska, en el territorio de Nebraska. El problema era que Colorado no había ganado un juego allí desde hacía 23 años, pero el entrenador McCartney confiaba en su equipo y buscó una manera de inspirarlos para que ganaran. Al final, decidió apelar al amor que tenían por los demás.

Les dijo a sus jugadores que llamaran a alguna persona a la que ellos amaran y que le dijeran que le iban a dedicar ese juego. Y que le pidieran que observara cada jugada porque cada ataque, cada bloqueo y cada punto iban a estar dedicados a ella.

Mac dio aun otro paso. Hizo que se distribuyeran sesenta balones con el marcador final del juego escrito en ellos, para que cada jugador pudiera enviar uno a la persona a la que había dedicado el juego.

Los Búfalos de Colorado ganaron. El marcador final escrito en los balones fue 27 a 12.

ENFOCARSE EN LOS DEMÁS PUEDE DARLE UNA SENSACIÓN DE COMPLACENCIA

La investigación psicológica demuestra que las personas

están mejor equilibradas y tienden a sentirse satisfechas si sirven a los demás. Servir a los demás cultiva la salud y trae felicidad. La gente ha sabido eso instintivamente desde hace siglos, mucho antes que la ciencia de la psicología se desarrollara formalmente. Por ejemplo, fíjese en la sabiduría (y el humor) que se encuentra en este proverbio chino:

Si quieres felicidad por una hora, toma una siesta.
Si quieres felicidad por un día, ve a pescar.
Si quieres felicidad por un mes, cásate.
Si quieres felicidad por un año, hereda una fortuna.
Si quieres felicidad para toda la vida, ayuda a los demás.

Usted puede *ayudarse* si ayuda a los demás. Recuerde eso y le ayudará a quitar sus ojos del espejo.

LES... RECAPITULANDO

Algunos investigadores lo llaman el «ultra ser» y lo consideran el distintivo de la sabiduría. Me refiero al sentido de serenidad que le permite a uno enfocarse en los demás desde un lugar emocionalmente seguro. Allí no hay celos, ni competencia. Allí hay un gozo genuino por el triunfo de los demás. Y una y otra vez los estudios muestran que es una de las formas más importantes para poder conectarse de manera significativa con los demás.[1]

Para aplicar la enseñanza de John a su propia vida...

Olvídese:
De tratar de encontrar la felicidad llenando sus
necesidades primero.

Pregúntese
¿Qué puedo hacer para olvidarme de mí y enfocarme
en los demás?

Hágalo
Haga a un lado sus necesidades y dedíquese a hacer
algo que le ayude a quitar sus ojos del espejo.

Recuerde
El éxito en la vida tiene que ver con lo que hace por
los demás.

14

HAGA POR LOS DEMÁS LO QUE ELLOS NO PUEDEN HACER POR SÍ MISMOS

Usted no habrá vivido el día de hoy hasta que haya hecho algo por alguien que nunca podrá pagarle.
—JOHN BUNYAN

LES... OBSERVANDO LA PRÁCTICA EN ACCIÓN

Hace bastante tiempo, John le dio un gran impulso a mi carrera como conferenciante cuando me abrió puertas que yo nunca hubiera podido abrir. Gracias a su recomendación, pude hablar en varias plataformas alrededor del país y dirigirme a audiencias de varios miles a la vez. Las personas que realizaban los eventos no me conocían; pero sí conocían a John y confiaban en su aval al apoyar a un joven conferenciante que estaba empezando.

Eso fue hace 15 años, y todavía estoy muy agradecido con John por lo que hizo por mí en esa época. Me dio algo que nunca hubiera podido conseguir sin él: el lanzamiento de mi carrera profesional como conferenciante.

Innumerables personas podrían contar cómo John se ha esforzado por ayudarles de manera personal o profesional. Una vez que conversé con Tim Elmore, un viejo amigo y empleado que ahora es vicepresidente de EQUIP, después de meditarlo por un momento, me dijo: «Es difícil reducirlo todo a un solo ejemplo. John ha hecho tantas cosas por mí y le debo tanto…»

Quizás algo más personal podrá mostrarte cómo es el corazón de John. Él y yo fuimos a Bangalore, India, para dar unas enseñanzas acerca de liderazgo. Debo admitir que ese fue un viaje que no hubiera hecho si John no me hubiera empleado en EQUIP. Antes de salir del país, mi esposa Pam le pidió que cuidara de mí ya que sufro de diabetes. Si el nivel de azúcar de la sangre cae súbitamente, me desoriento, no me doy cuenta que las cosas andan mal y generalmente necesito ir a un hospital para recibir ayuda. Es preocupante, especialmente cuando uno se encuentra en el extranjero.

Cuando llegamos a India, John fue recibido como si fuera una estrella de rock. Ni te imaginas la manera en que la gente lo trataba. En el extranjero, la gente hace fila por largas horas para conocerlo y para que les firme algunos de sus libros. Bueno, John dio una sesión en Bangalore y la gente se emocionó a tal grado que empezaron a acercarse hasta donde él estaba pero como eran tantos, empezaron a apretarnos. ¿Y qué fue lo que él hizo? Trató de moverse en medio de la multitud, agarró el maletín con mis implementos para la diabetes y se aseguró que no estuviera en problemas.

Tal vez suene como algo insignificante pero es difícil creer que alguien no se deje llevar por el momento y en cambio prefiera concentrarse en las necesidades de otra persona. Eso me demuestra la nobleza de John y su deseo por ayudar a los demás.

Tim tuvo que tragar saliva mientras me contaba esa última parte. Su historia me impresionó, pero hay algo más que causó una mayor impresión en mí. Cada una de las personas con las que hablé acerca de esta cualidad de John, me dijo que deseaba hacer por otros lo que John había hecho por cada una de ellas. Ya que les había ayudado a hacer cosas que, de otra forma, no hubieran podido hacer, se sentían inspirados a fomentar eso en otros.

JOHN... CON UN MOMENTO DE ENSEÑANZA AL ESTILO MAXWELL

El embajador y poeta Henry Van Dyke dijo: «Existe una ambición más noble que solamente llegar a ser grande en el mundo. Es agacharse y levantar a la humanidad para que ella sea más grande aun» ¡Qué gran perspectiva! Hacer por los demás lo que ellos no pueden hacer por sí mismos es realmente una cuestión de actitud. Yo creo que todo lo que he recibido debo compartirlo con los demás. Y ya que tengo una mentalidad llena de abundancia, no me preocupa que me quede sin nada. Entre más doy, parece que más recibo para poder seguir dando.

> «Existe una ambición más noble que solamente llegar a ser grande en el mundo. Es agacharse y levantar a la humanidad para que ella sea más grande aun».
> —Henry Van Dyke

Sin importar qué tanto o qué tan poco tenga, usted tiene la capacidad para hacer por los demás lo que ellos no pueden hacer por sí mismos. La forma exacta de hacerlo dependerá de sus dones personales, sus recursos y su historia. Sin embargo, puede intentarlo pensando en las siguientes cuatro áreas:

1. PRESENTE A OTROS A PERSONAS QUE NO PODRÍAN CONOCER POR SUS PROPIOS MEDIOS

Mi padre, Melvin Maxwell ha hecho cosas increíbles por mí

durante toda su vida. Una de las cosas que más me impresionó fue cuando me presentaba a hombres de gran reputación. Cuando era un adolescente, conocí a Norman Vincent Peale, a E. Stanley Jones y a otros grandes hombres de la fe. Y como había dicho que quería entrar al ministerio, mi padre les pidió a estos grandes predicadores que oraran por mí. No puedo expresar con palabras el impacto que aquello tuvo en mi vida.

Actualmente, con frecuencia estoy en una posición de hacer lo que mi padre hizo por mí. Me encanta presentar gente joven a mis héroes. Me encanta ayudar a las personas para que tengan contactos de negocios. Con frecuencia, hay momentos en que conozco a alguien y mientras conversamos, estoy pensando: «Tengo que presentar a esta persona a fulano de tal». Eso puede significar ir con esa persona hasta otra oficina, llamar a alguien en su nombre, o concertar una reunión. Hace varios años, estaba hablando con Anne Beiler, la fundadora de las galletas saladas (pretzels) Auntie Anne, y en la conversación salió que la fundadora de Chick-fil-A (una cadena de restaurantes en los Estados Unidos), Truett Cathy, era una de sus heroínas. Como yo conocía a Truett, me ofrecí a presentarlas y lo hice por medio de una cena para ellas en mi casa. Fue una gran noche.

Por favor, no piense que usted tiene que conocer a alguien famoso para ayudar a los demás en esta área. A veces es simplemente presentar un amigo a otro o a un socio de negocios con otro. Solamente hay que hacer las conexiones. Sea usted el puente de las relaciones entre los demás.

2. Lleve a otras personas a lugares donde ellos no podrían ir por sí mismos

Al principio de nuestro matrimonio, Margaret y yo éramos muy pobres. Yo acababa de salir de la universidad y había dedicado muchas horas a mi carrera. Margaret tenía que tener tres trabajos para que pudiéramos sobrevivir. Pudimos salir adelante pero no nos quedaba dinero para lujos tales como unas vacaciones. Afortunadamente, yo tenía un hermano mayor que nos quería y que se preocupó por nosotros. Las vacaciones que tuvimos durante los primeros cinco o seis años de mi vida profesional fueron por invitación de Larry y su esposa, Anita. Recuerdo especialmente un maravilloso viaje a Acapulco, México.

Parece que durante la primera mitad de mi carrera, si yo iba a algún lugar importante, era porque alguien me invitaba. Docenas de veces disfruté experiencias que nunca hubiera podido lograr por mí mismo: Asistí a juegos de pelota, jugué golf, visité iglesias, asistí a conferencias y viajé a países que estaban lejos de mi alcance.

Es probable que usted tenga la capacidad de darle a alguien una experiencia que parezca inaccesible para él. Si no puede ayudar a un amigo o a un colega, entonces empiece con su familia. Lleve a sus hijos a lugares donde no podrían ir por sí mismos. Es increíble la clase de impacto positivo que eso causa.

3. Ofrezca a los demás oportunidades que ellos no pueden alcanzar por sí mismos

Les mencionó que yo lo ayudé a alcanzar grandes audiencias en su carrera como conferenciante. Lo mismo me pasó a mí. Hace casi 25 años, el profesor C. Peter Wagner del Seminario Teológico Fuller me invitó a hablarles a los pastores alrededor del país sobre el liderazgo. Él me puso por primera vez en una plataforma nacional y me dio la credibilidad que no poseía por mí mismo.

Pocas cosas son más valiosas para una persona preparada que una oportunidad. ¿Por qué? Porque las oportunidades aumentan nuestro potencial. Demóstenes, el gran orador de la Grecia antigua, dijo: «Las oportunidades pequeñas muchas veces son el comienzo de grandes empresas». Haga que las personas triunfen dándoles oportunidades y usted triunfará con ellas.

4. Comparta ideas con aquellos que no poseen las suyas propias

¿Cuánto vale una idea? Cada producto comienza con una

idea. Cada servicio empieza con una idea. Cada negocio, cada libro, cada nueva invención se inicia con una idea. Las ideas son las que mueven el mundo. Por eso cuando usted le da a alguien una idea, le está dando un gran regalo.

Una de las cosas por las que me encanta escribir libros es por el proceso por el cual paso. Generalmente comienza con un concepto que estoy ansioso por enseñar. Pongo algunas ideas en papel y luego reúno a un grupo de pensadores creativos para que me ayuden a probar el concepto, lanzamos ideas al aire y terminamos concretando un bosquejo. Cada vez que hemos hecho esto, me han dado ideas grandiosas que nunca hubiera podido pensar por mí mismo. Tengo que decir que estoy muy agradecido.

Una de las cosas que más me gusta de esta gente creativa es que disfrutan las ideas y pareciera que siempre tienen más. Entre más dan, más salen de sus cabezas. La creatividad y la generosidad se alimentan mutuamente, esa es una de las razones por las cuales no me cuesta compartir ideas con los demás. Estoy convencido que moriré antes de que me quede sin ellas. Es mejor dar algunas ideas y contribuir con el éxito de otra persona que tener esas ideas sin usar.

LES... RECAPITULANDO

Cuando usted hace algo por los demás que ellos no pueden hacer por sí mismos, está fomentando relaciones significativas con esas personas. Estudios sobre lo que los investigadores llaman «la teoría de la autodeterminación» han demostrado que apoyar las metas de otras personas cimienta la relación, ya que finalmente usted les está ayudando a que alineen sus metas consigo mismos.[1]

Para aplicar la enseñanza de John a su propia vida...

Olvídese:
De preocuparse por lo que puede obtener de los demás y concéntrese en lo que usted puede hacer por los demás.

Pregúntese:
¿Qué oportunidad, idea o experiencia puedo yo proveerle a alguien que de otra forma nunca pudiera obtener?

Hágalo:
Usando una lista de sus habilidades, recursos y conexiones, piense en algunas cosas específicas que pueda realizar por los demás.

Recuerde:
Necesitamos que otros hagan por nosotros lo que nosotros no podemos hacer por nosotros mismos.

15

ESCUCHE CON EL CORAZÓN

«Lo más importante en la comunicación
es escuchar lo que no se dice»
—PETER DRUCKER

LES... OBSERVANDO LA PRÁCTICA EN ACCIÓN

Como psicólogo, he sido entrenado para escuchar los sentimientos de las personas, no sólo sus ideas. Y he observado que muchos líderes ⁻especialmente los de carácter fuerte, con personalidades tipo A⁻ no son muy buenos escuchadores. Si alguna vez lo hacen, su actitud generalmente es: *Olvídese de la historia del parto, sólo muéstreme al bebé.*

Considero que John es una persona de carácter fuerte. Puede ser un líder de la clase «usted está al mando, no quiero prisioneros». Pero también es un muy buen escuchador. Y es particularmente diestro en entender cómo se siente la gente.

Ya que esa característica es muy escasa en las personas como él, le pregunté cómo llegó a ser tan bueno para escuchar.

«El fracaso» fue su respuesta. «El fracaso constante. Yo comencé como un escuchador horrible. Al principio de mi carrera, pensaba que lo sabía todo. La única razón por la cual dejaba que la gente hablara era porque sabía que pronto sería mi turno de hacerlo.

«En mi matrimonio las cosas iban un *poquito* mejor», continuó diciendo. «Yo *deseaba* escuchar a Margaret porque la amaba. Sin embargo, eso no me detenía de ser el señor «Sabelotodo». En el libro *Cómo ganarse a la gente*, hablo de cómo solía ganar las discusiones con ella pero la perdía emocionalmente. Al fin, al comprender cómo estaba hiriendo sus sentimientos, dejé de hacer lo que hacía y aprendí a escucharla, no sólo sus palabras, sino los sentimientos que había detrás de las palabras. Aprendí a escucharla con el corazón».

«¿Y cómo lograste hacer lo mismo en tu carrera?» le pregunté.

«Pude ver el valor de esa actitud por la forma en que Margaret y nuestra relación cambiaron. Pero también me di cuenta que eso era un buen liderazgo. El presidente Woodrow Wilson dijo: "El oído del líder tiene que vibrar con las voces de la gente". Por un par de años, lo que hice fue que cuando me encontraba en una reunión, escribía una E mayúscula grande en el cuaderno para recordarme que debía escuchar. Con el tiempo, se volvió una habilidad que logré dominar».

Si usted ya es un buen escuchador, ha avanzado mucho. Lo único que tiene que hacer es escuchar «entre líneas» para descubrir pistas que le digan cómo se sienten los demás. Si usted es más como John, le tomará un tiempo aprender la habilidad de escuchar con el corazón, pero cualquiera lo puede hacer. No se necesita ser un psicólogo entrenado.

JOHN... CON UN MOMENTO DE ENSEÑANZA AL ESTILO MAXWELL

Si usted es un mal escuchador como era yo, haga lo siguiente para transformarse en alguien que escucha con el corazón:

Enfóquese en la persona

Herb Cohen, de quien se dice que es el mejor negociador del mundo, dice: «Escuchar con efectividad requiere más que oír las palabras. Es necesario encontrar el sentido y entender lo que se dice. Después de todo, el sentido no está en las palabras sino en las personas». Muchos se enfocan más en las ideas que les están comunicando y casi parecen olvidarse de la persona. Usted no puede hacer eso, sino que debe escuchar con el corazón.

Yo soy impaciente por naturaleza, por eso continuamente tengo que luchar con la tendencia de poner mi agenda primero. Pienso que ese es el caso de la mayoría de los que no saben escuchar. Si eso le sucede a usted, baje la velocidad y ponga a la persona en primer lugar. Enfóquese en el individuo, no solo en las ideas que se expresan.

Destape sus oídos

Aun cuando haya comenzado a enfocarse en la persona con la que está conversando, puede resultarle difícil escuchar de manera efectiva. Aquí hay algunas barreras potenciales:

Distracciones. Llamadas telefónicas, el televisor, los localizadores y cosas como esas pueden hacer que el escuchar bien sea casi imposible.

Actitud defensiva. Si ve las quejas o la crítica como un ataque personal, quizás se ponga a la defensiva. Una vez que empiece a protegerse, le importará muy poco lo que otros piensen o sientan.

Mente cerrada. Cuando piensa que tiene todas las respuestas, su mente se cierra. Y cuando su mente se cierra, también lo hacen sus oídos.

Proyección. Atribuir automáticamente sus propios pensamientos y sentimientos a los demás no le permite percibir cómo se sienten.

Suposiciones. Cuando usted se precipita en sus conclusiones, se está deshaciendo de su propio incentivo para escuchar.

Orgullo. Pensar que tenemos poco que aprender de los demás es quizás la peor de las distracciones para escuchar. Si usted está lleno de su ego no tendrá espacio para lo que digan los demás.

Obviamente, su meta es quitar esas barreras para tener una buena comunicación. En lo posible, póngase en un buen ambiente físico donde pueda escuchar; lejos de ruidos y distracciones. Y también póngase en un buen ambiente mental para escuchar. Haga a un lado sus defensas y sus nociones preconcebidas de tal forma que esté *abierto* a la comunicación.

ESCUCHE CON DINAMISMO

Hay una diferencia entre escuchar pasivamente y escuchar de manera dinámica. Para escuchar con el corazón, esa acción tiene que ser activa. En su libro *It is Your Ship* (Este es tu barco), el capitán Michael Abrashoff explica que la gente suele hablar con dinamismo más que escuchar con dinamismo. Cuando él decidió convertirse en un escuchador dinámico, aquello hizo una gran diferencia en él y en su tripulación. Él escribió:

No tuvo que pasar mucho tiempo para que me diera cuenta que mi tripulación era talentosa, inteligente y llena de buenas ideas que con frecuencia no resultaban en nada porque nadie con autoridad les ponía atención. Al igual que la mayoría de las organizaciones, la Marina parecía poner a los administradores como simples transmisores, lo cual minimizaba su recepción. Estaban condicionados a dictar las órdenes de arriba, no a escuchar las sugerencias que venían de abajo.

Así es que decidí que mi trabajo era escuchar con dinamismo y recolectar todas las buenas ideas que mi tripulación tuviera para mejorar la operación del barco. Algunos tradicionalistas pueden considerar esto como una herejía, pero en realidad es simple sentido común. Después de todo, la gente que realiza el trabajo interno en el barco ve cosas que los oficiales no ven. Me parecía prudente que, como capitán, me esforzara para ver el barco a través de los ojos de la tripulación. Algo sucedió en mí gracias a esas entrevistas, llegué a respetar enormemente a mi tripulación. Ya no eran solamente cuerpos sin nombre o personas a quienes yo les ladraba órdenes. Me di cuenta que ellos... tenían esperanzas, sueños, personas a quienes amaban y por eso deseaban creer que lo que estaban haciendo era importante. En consecuencia, querían ser tratados con respeto.

> Hay una diferencia entre escuchar pasivamente y escuchar de manera dinámica. Para escuchar con el corazón, esa acción tiene que ser activa.

Con el cambio de actitud de Abrashoff, su tripulación se transformó, su barco dio un giro completo y los resultados fueron asombrosos.

ESCUCHE PARA PODER ENTENDER

La causa fundamental de casi todos los problemas de comunicación es que la gente no escucha para poder entender, sino que escucha para poder contestar. David Burns, un médico y profesor de psiquiatría de la Universidad de Pennsylvania dice: «La equivocación más grande que usted puede cometer al tratar de hablar convincentemente es poner su más alta prioridad en expresar sus ideas y sentimientos. Lo que la mayoría de las personas en realidad quieren es que se les escuche, respete y entienda». Si usted desea satisfacer las necesidades de los demás y hacer que se sientan como un millón de dólares, entonces necesita escuchar.

Una de las ironías de llegar a ser un buen escuchador es que escuchar a otros y hacerlos sentir comprendidos, tiene también un lado beneficioso. Según Burns, «Cuando la gente se da cuenta que se le comprende, se sienten más motivados para entender el punto de vista suyo». Escuchar con el corazón da como resultado una relación donde todos ganan.

LES... RECAPITULANDO

Pocos temas sobre las relaciones han tenido más apoyo empírico que la importancia de escuchar activamente. A esto, los psicólogos le llaman a veces «escuchar con el tercer oído». Y en conclusión, la mayoría de los estudios demuestra exactamente lo que John enseña. Cuando escuchamos tratando de tener una comprensión genuina, ya no estamos «haciendo el papel» de escuchadores, sino que estamos totalmente involucrados en el momento y la persona lo sabe.[1]

Para aplicar la enseñanza de John a su propia vida...

Olvídese
De tratar de dar su opinión y utilice su energía para comprender la posición de la otra persona.

Pregúntese
¿Cómo puedo comprender mejor lo que esta persona está sintiendo y pensando?

Hágalo
Escuche con dinamismo eliminando las distracciones y enfocándose en el punto de vista de la otra persona.

Recuerde
La mejor manera de persuadir a los demás, es con los oídos.

16

ENCUENTRE LA LLAVE QUE ABRE LOS CORAZONES DE LOS DEMÁS

Entrenadores que pueden hacer bosquejos de jugadas en una pizarra hay a montones. Los que triunfan son aquellos que logran entrar dentro de sus jugadores para motivarlos.
—VINCE LOMBARDI

✍

LES...OBSERVANDO LA PRÁCTICA EN ACCIÓN

Cuando los comunicadores hablan en público, sucede algo curioso. Un comunicador tiene una idea clara en su mente, prepara el mensaje cuidadosamente y lo presenta. Pero cuando la gente viene para comentarle sobre lo que dijo, pareciera que cada persona escuchó un mensaje diferente. Siempre sucede así.

Le pregunté a John si él había experimentado el mismo fenómeno. «Absolutamente», me dijo. «Cuando empecé a predicar, me sorprendía, y solía preguntarme si todos habían escuchado el mismo sermón. En cierta manera, no lo habían hecho. Las palabras que uso pueden ser las mismas, pero los miembros del público las escuchan diferente porque todos tienen diferentes llaves de sus corazones. Esta no solo es una gran lección que un orador debe aprender, sino que también debe recordarse cuando se trabaja con la gente».

Cada vez que paso tiempo con John, veo cómo establece relación con las personas a un nivel emocional de manera inmediata. Por ejemplo, la otra vez se reunió con Kirk Nowery, el presidente de una de las compañías de John, ISS. Muchas veces cuando un líder se reúne con alguien que trabaja para él, la conversación va directamente al punto, pero lo primero que John hizo fue preguntarle a Kirk por su familia. Quería saber cómo estaba su esposa, cómo estaban sus hijos, John parecía conocer todo acerca de la familia de Kirk. Una vez que hablaron de eso, empezaron a hablar de negocios.

John hace esto intuitivamente con todos los que conoce. Pregunta sobre los familiares de esa persona por nombre. Le pregunta cómo van las cosas en la iglesia o en el negocio. Y parece recordar los detalles. ¿Por qué? Porque se ha propuesto como meta saber lo que es valioso para las personas que son importantes para él. Sin duda, puede saber estas cosas porque escucha con el corazón, tal como lo expliqué en el capítulo anterior.

JOHN... CON UN MOMENTO DE ENSEÑANZA AL ESTILO MAXWELL

En los ochenta, tuve el privilegio, junto con otros treinta líderes, de pasar dos días con el padre de la administración moderna, Peter Drucker. Una de las cosas que él dijo fue: «Dirigir a las personas es como dirigir una orquesta. Hay muchos músicos e instrumentos diferentes que el director debe conocer a fondo». Drucker nos desafió para que conociéramos *realmente* a las personas clave de nuestro equipo.

Durante los últimos 20 años, mi propósito ha sido tratar de descubrir las llaves de los corazones de la gente en mi vida, empezando con mi familia y mi círculo íntimo. Esto es lo que he aprendido:

ACEPTE EL HECHO QUE LA GENTE ES DIFERENTE

He escrito en otros libros que cuando era joven solía creer que todos debían ser como yo si querían triunfar. He madurado mucho desde entonces. Parte de ese crecimiento ha sido el resultado de viajar y conocer a muchos tipos de personas. Libros tales como *Personality Plus* (Una personalidad superior) de Florence Littauer también me han ayudado. He llegado a darme cuenta con el tiempo que existen grandes brechas en mis habilidades, al igual que todos y si las personas que tienen diferentes talentos y temperamentos trabajan unidas, todos ganamos y lograremos hacer mucho más. También disfrutaremos mucho más de la vida.

Si usted tiene una imagen saludable de sí mismo, es probable que caiga en la misma trampa que yo. Sin embargo, no podrá ganarse a la gente si internamente cree que todos deben ser como usted. Acepte que la gente es diferente y celebre que Dios nos hizo de esa manera.

ENCUENTRE LAS LLAVES A LOS CORAZONES DE LAS PERSONAS HACIENDO PREGUNTAS

Parece ser algo muy básico, pero hacer una buena pregunta es esencial para descubrir la llave al corazón de una persona. A través de los años, he desarrollado una lista de preguntas que me han ayudado una y otra vez. Tal vez usted quiera usarlas también:

«¿Cuál es su sueño?» Uno puede aprender acerca de lo que piensa la gente mediante lo que han alcanzado, pero para comprender sus corazones uno tiene que saber cuáles son sus metas.

«¿Qué lo hace llorar?» Cuando uno comprende el dolor de las personas, eso hace que comprenda sus corazones.

«¿Qué lo hace cantar?» Lo que trae felicidad a las personas es frecuentemente la fuente de su fuerza.

«¿Cuáles son sus valores?» Cuando las personas le dan acceso a sus valores, usted debe saber que ha entrado a la cámara más secreta de sus corazones.

«¿Cuáles son sus áreas fuertes?» Lo que las personas perciben como sus puntos fuertes siempre hará que sus corazones se sientan orgullosos.

«¿Cuál es su temperamento?» Conozca eso, y con frecuencia descubrirá el camino a sus corazones.

Obviamente, no haga que sus preguntas parezcan una entrevista ni tampoco necesita saber todas las respuestas en una sola conversación. El proceso puede ser natural y a la vez dirigido.

ESTABLEZCA PUNTOS EN COMÚN

La palabra *comunicación* viene del latín *communis*, que significa «común». Los buenos líderes, los comunicadores y las personas carismáticas siempre encuentran algo en común con las personas con las que hablan. Es allí, en esos puntos en común que logran comunicarse con los demás. Si usted ha hecho preguntas y ha escuchado, con seguridad descubrirá puntos en común.

Algunas veces en las reuniones, las agendas secretas hacen que la comunicación sea ineficiente porque de esa forma la gente no puede encontrar puntos en común. Cuando eso sucede, trate de sugerir que todas las partes se pongan de acuerdo en una regla básica. Cuando alguna persona esté en desacuerdo con otra, antes de que exprese su propio punto, tiene que comprender y poder articular el punto de su oponente. Le asombrará ver lo rápido que esta práctica hace que las personas encuentren puntos en común.

ACEPTE QUE, CON EL TIEMPO, LA GENTE CAMBIA

Para algunas personas, lograr sintonizarse con los sueños y los deseos de los demás es un gran paso, ya que así pueden encontrar la llave a sus corazones. Pero no es suficiente hacer eso una sola vez y luego pensar que así se mantendrá para siempre. El tiempo cambia todas las cosas, hasta el corazón humano.

Fred Bucy, ex presidente de Texas Instruments, comentó: «Lo más fácil es suponer que lo que funcionó ayer funcionará hoy, pero eso simplemente no es cierto». Lo que es efectivo para motivar a las personas en un momento de sus carreras no será necesariamente efectivo para motivarlas en el futuro. Lo que impacta sus corazones en una etapa de sus vidas probablemente no será lo mismo dentro de un tiempo. Los éxitos y los fracasos, las tragedias y los triunfos, las metas alcanzadas y los sueños que están en la base de todo, impactan los valores y los deseos de una persona.

Entonces, ¿qué significa eso para alguien que quiere ganarse a la gente descubriendo las llaves a sus corazones? Significa que usted debería…

∽ MANTENER UNA CONVERSACIÓN CONTINUA CON LOS DEMÁS. Siga comunicándose a un nivel emocional. Pregúnteles qué ha impactado sus sentimientos hasta ahora; si las respuestas difieren, entonces sabrá que están cambiando y que tiene una nueva oportunidad de aprender qué es lo que les interesa a ellos ahora.

∽ ESTAR ATENTO A LOS «INDICADORES DE CAMBIO» EN LA VIDA DE UNA PERSONA. Hay momentos en las vidas de las personas en que están más expuestas al cambio: (1) cuando *sufren* tanto que *tienen* que cambiar, (2) cuando *aprenden* lo suficiente que *desean* cambiar y (3) cuando *reciben* lo suficiente que los *capacita* para cambiar.

Si usted practica estas dos disciplinas, especialmente con su familia y las personas clave en su organización, podrá mantener una conexión con ellos.

Necesito decirle una cosa más acerca de descubrir la llave al corazón de las personas y éste es el punto más importante: Una vez que haya encontrado la llave, debe actuar con integridad, porque esa persona le ha confiado algo de gran valor. Nunca la use para manipular a nadie. «Use» la llave solamente cuando pueda añadir más valor a esa persona.

LES... RECAPITULANDO

Un interés genuino por los demás es un estilo de vida más que una técnica. Claro, usted puede practicar los consejos que John le sugiere y verá un beneficio inmediato, pero nunca le ayudarán en sus relaciones a menos que los practique constantemente. De hecho, los estudios demuestran que cuando se aprende a desarrollar esta cualidad, habrá más probabilidades de que se haga parte de su personalidad cuando trabaja en ello diariamente, convirtiéndolo en un hábito reflejo con las personas que están a su alrededor.[1] En otras palabras, esto necesita ser algo que usted *es*, más que algo que usted *hace*.

> ──────── ✍ ────────
>
> Un interés genuino por los demás es un estilo de vida más que una técnica.
>
> ──────── ✍ ────────

Para aplicar la enseñanza de John a su propia vida...

Olvídese
De su tendencia de creer que todos son (o deberían ser) como usted.

Pregúntese
¿Cuáles «indicadores de cambio» he visto en la persona cuyo corazón me gustaría comprender?

Hágalo
Haga que su propósito sea descubrir la llave al corazón de su círculo íntimo.

Recuerde
Los líderes que triunfan son los que comprenden el corazón de su equipo.

17

SEA EL PRIMERO EN AYUDAR

Después del verbo «amar», «ayudar»
es el verbo más bello en el mundo.
—BERTH VON SUTTNER

LES... OBSERVANDO LA PRÁCTICA EN ACCIÓN

«Les, ¿dónde estás?»

«Acabo de pasar el Hotel del Coronado y estoy entrando al complejo».

«¿De qué color es el auto que alquilaste?»

«Es plateado», le dije a John por el celular.

«Muy bien, ya te estoy viendo» dijo John. «Dobla a la derecha y verás un espacio que está por quedar vacío».

«¿Y tú donde estás?» le pregunté.

«Aquí arriba». John estaba en el balcón del edificio en la isla Coronado en San Diego. Había alquilado un condominio y yo había volado para un día de reuniones con él.

«¡Ah, allí estás!»

Empecé a reírme cuando lo vi saludando desde el balcón. Sólo a John se le hubiera ocurrido estar buscando espacios disponibles desde donde estaba para que yo pudiera encontrar un lugar donde estacionarme.

Ofrecer nuestra ayuda a los demás para ganarse a las personas es una de las primeras lecciones que aprenderá en cualquier clase de psicología social. Pero John le da un nuevo giro, él hace lo imposible por poder ayudar y si alguien está en necesidad, con frecuencia es el primero en la escena.

«A veces son los pequeños detalles de John», decía el empleado Ken Coleman. «Cuando viajo con él, con frecuencia he visto cómo le ayuda a alguien a poner sus maletas en el compartimiento del avión aun cuando la mayoría de los pasajeros no pone atención o trata de evadir a la persona. John realiza un esfuerzo consciente para ayudar a alguien en ese momento. Pareciera como un acto reflejo en él».

La carrera de John en el ministerio durante 26 años probablemente ha causado un gran impacto en él en esta área. Los buenos pastores parecen capaces de sintonizarse con las necesidades de los demás. Pero usted no tiene que ser un pastor profesional para ver las necesidades de las personas y ser el primero en ayudar. Es la clase de cosas que cualquiera puede hacer, sin importar la edad, el talento o el nivel socioeconómico.

JOHN... CON UN MOMENTO DE ENSEÑANZA AL ESTILO MAXWELL

«Usted podrá llegar a tener todo lo que desea en la vida si ayuda a otros lo suficiente para que ellos lleguen a tener todo lo que desean».
—Zig Ziglar

Mi amigo Zig Ziglar dijo: «Usted podrá llegar a tener todo lo que desea en la vida si ayuda a otros lo suficiente para que ellos lleguen a tener todo lo que desean». Zig es un ejemplo vivo de ello. Ha ayudado a mucha gente y como resultado ha tenido gran éxito.

Me encanta ayudar a las personas. Pienso que es una de las razones por las cuales Dios nos puso en esta tierra, pero ayudar a otros es algo más que beneficiarlos. También le ayuda a usted a ganárselos. Le digo esto porque cada vez que esté presto a ayudar, estará haciendo una declaración. Es como dejar una tarjeta de presentación que nunca olvidarán.

¿Cómo, entonces, puede usted ser el primero en ayudar? Siga estas pautas:

CONVIERTA LA AYUDA A LOS DEMÁS EN UNA PRIORIDAD

Muchas veces estamos tan consumidos con nuestras agendas que ayudar a los demás no es importante para nosotros. La solución es hacer que ayudar a otros sea parte de nuestra agenda, una alta prioridad. Leí recientemente acerca de algo que el ganador de premios de la academia, Tom Hanks hizo hace varios años mientras filmaban *The Green Mile*, (La milla verde) que demuestra que ayudar a los demás es una prioridad para él. Frank Darabont, director de la película, habló del compromiso de Hanks en hacer que el actor Michael Duncan diera lo mejor de sí y habló de la impresión que eso causó en él. Darabont dijo:

¿Qué recordaré en quince o veinte años (acerca de esta película)? Hay una cosa que nunca olvidaré: Mientras estábamos filmando, estábamos por realizar una toma con Michael Duncan, cuando me di cuenta que Hanks me estaba distrayendo mientras hacía una actuación maravillosa fuera de cámaras, para Michael Duncan. Lo que quería era darle a Michael todo lo que pudiera necesitar para lograr la mejor actuación posible. Quería que Michael lo hiciera bien. Que luciera bien. Nunca olvidaré eso.

Tom Hanks, al igual que muchos otros actores de Hollywood, pudo haber sido el primero en ignorar a Duncan. En lugar de eso, fue el primero en ayudarle. Obviamente sí funcionó. En 1999 Michael Clarke Duncan fue nominado para un premio de la academia como mejor actor secundario. Desde ese entonces, la carrera de Duncan despegó.[1]

SEA CONSCIENTE DE LAS NECESIDADES DE LOS DEMÁS

Esto puede sonarle obvio, pero nadie puede resolver una necesidad que no sabe que existe. Debemos empezar por preocuparnos por las personas que están a nuestro alrededor y fijarnos en sus necesidades. Algunas veces ese conocimiento puede venir por escuchar con el corazón. Otras veces con solo poner atención a lo que está pasando a su alrededor. E incluso otras al ponernos mentalmente en el lugar de la otra persona.

Hay una leyenda judía que dice que dos hermanos estaban compartiendo un campo y un molino. Cada noche dividían el producto del grano que habían molido juntos durante el día. Un hermano vivía solo; el otro se había casado y tenía una familia grande.

Un día el hermano soltero pensó, *No es justo que dividamos el grano de manera equitativa. Yo sólo tengo que cuidarme a mí mismo, pero mi hermano tiene niños que alimentar.* Así que cada noche, secretamente, llevaba algo de su harina a la bodega de su hermano.

Pero el hermano casado pensaba en la situación de su hermano y se decía, *No está bien que dividamos el grano equitativamente, porque yo tengo hijos que me proveerán cuando ya esté anciano, pero mi hermano no tiene. ¿Qué hará cuando esté viejo?* Así que cada noche llevaba también, secretamente, parte de su harina y la ponía en la bodega de su hermano. Lógicamente, cada mañana ambos hermanos encontraban sus provisiones de harina misteriosamente con la misma cantidad.

Hasta que una noche se encontraron a medio camino entre sus casas. Se dieron cuenta lo que el otro estaba haciendo y se dieron un gran abrazo. La leyenda dice que Dios fue testigo de ese momento y dijo: «Este es un lugar santo, un lugar de amor, y aquí es donde se construirá mi templo». Se dice que el primer templo se construyó en ese mismo sitio.[2]

ESTÉ DISPUESTO A ARRIESGARSE

Algunas veces ayudar a otra persona puede ser algo riesgoso; sin embargo, eso no nos debe detener para hacerlo. Ken

Sutterfield relata una historia que sucedió en los juegos olímpicos de 1936 en Berlín, y que ilustra el impacto que tiene lugar cuando alguien está dispuesto a arriesgarse. El atleta estadounidense Jesse Owens había establecido tres marcas olímpicas en un solo día, incluyendo una marca de 26 pies 8 1/4 pulgadas en el salto de longitud, un récord que no se rompería en los siguientes 25 años. Sin embargo, Owens tuvo que enfrentar una gran presión durante los juegos. Hitler y sus compañeros nazis querían usar la competencia para establecer la superioridad aria y Owens, un afroamericano, podía sentir la hostilidad hacia él.

Cuando Owens estaba intentando calificar para las finales durante los juegos, se puso nervioso al ver a un alemán alto y de ojos azules que estaba practicando los saltos en la categoría de 26 pies. En su primer salto, Owens se pasó algunas pulgadas de la línea de salida. También falló su segundo intento. Sólo tenía una oportunidad más. Si fracasaba, quedaría eliminado. El alemán, entonces, se acercó a Owens y se presentó. Su nombre era Luz Long. Mientras los nazis miraban, Long animó a Owens y le dio un consejo. Ya que la distancia para calificar era sólo de 23 pies y 5 1/2 pulgadas, le sugirió que saltara unas pulgadas antes de la línea de salida para asegurarse que no cometiera un error. Así lo hizo Owens y calificó en su tercer salto. En las finales, hizo otro récord olímpico y ganó una de sus cuatro medallas. ¿Y quién fue el primero en felicitarlo? ¡Luz Long!

Owens nunca olvidó la ayuda que Long le había brindado, aun cuando no volvió a verlo. «Si derritiera todas las medallas y trofeos que tengo» escribió Owens, «nunca podrían completar la amistad de 24 quilates que siento por Luz Long».[3]

UNA VEZ QUE COMIENCE A AYUDAR A ALGUIEN NO LO ABANDONE

En cierta ocasión, los miembros de la Sociedad Filarmónica de Nueva York, una de las obras benéficas favoritas de Andrew Carnegie, se le acercaron al filántropo buscando apoyo financiero. Estaba por escribir un cheque que eliminaría por completo el déficit de la sociedad cuando súbitamente se detuvo. «Estoy seguro que debe haber otros amantes de la música generosos y ricos en este pueblo que también podrían ayudar» les dijo. «¿Por qué no recaudan la mitad de esta cantidad y después vuelven conmigo para que les dé la otra mitad?»

Al día siguiente, el tesorero volvió y le dijo que habían recaudado $30.000 y venía por la otra mitad. Carnegie estaba sumamente complacido por ese esfuerzo y le dio el cheque, pero por curiosidad, le dijo: «¿Quién, si puedo preguntar, contribuyó con la otra mitad?»

«Su esposa, la señora Carnegie», fue la respuesta.

Algunas veces, cuando somos los primeros en ofrecer ayuda, descubrimos que la persona a quien le hicimos la oferta no tiene tanta necesidad como pensábamos. Continúe ayudando de todas maneras. Ser el primero en ayudar es una excelente forma de ganarse a las personas. Ofrecer su ayuda y luego no hacerlo es una manera segura de perderlas.

LES... RECAPITULANDO

Los estudios sobre el altruismo llenan volúmenes y volúmenes de publicaciones académicas. Si hay algo que la comunidad profesional de psicólogos sabe, es que ayudar es una de las distancias más cortas entre dos personas, especialmente cuando usted es el primero en hacerlo. Y tal como John lo dice, ayudar a otros habla volúmenes de usted.[4]

Para aplicar la enseñanza de John a su propia vida...

Olvídese

De pensar en su beneficio personal y piense en cómo
puede ayudar.

Pregúntese

¿Cómo puedo ayudar?

Hágalo

Sea el primero en ofrecer sus servicios, su ayuda o
simplemente tender una mano.

Recuerde

Si usted ayuda lo suficiente a las personas para que
tengan lo que desean, también obtendrá lo que desea.

18

AÑADA VALOR
A LAS PERSONAS

No intente convertirse en un hombre triunfador,
intente convertirse en un hombre de valor.
−ALBERT EINSTEIN

LES... OBSERVANDO LA PRÁCTICA EN ACCIÓN

He oído a John hablarle a muchos tipos de público alrededor del globo y un tema que surge en muchas de sus conferencias tiene que ver con darles valor a las personas. Sea cual sea la conferencia o el tema, él siempre entrelaza la importancia de «añadir valor» en ella. También he estado en reuniones alrededor de una mesa de conferencias donde John se enfoca en el valor añadido de otras personas hacia él y viceversa. Es un sello distintivo de John Maxwell.

Por eso, cuando inicié la investigación del tema para este libro, fui a ver a Dan Reiland, un amigo y colega de John por más de veinte años.

«Desde que lo conozco, John ha deseado añadirle valor a las personas» me dijo, «pero no ha sido sino hasta hace poco tiempo que ha identificado ese algo como el propósito principal de su vida. Y lo hace de tantas maneras. Lleva a los miembros de su personal a conferencias y eventos de capacitación para que mejoren, dedica su tiempo para capacitar y enseñar a algunos. Les apoya para que se arriesguen y triunfen y les da un lugar seguro donde puedan fallar y aprender. Hasta les añade valor pagándoles bien».

«Pero ¿cómo te ha añadido valor a ti personalmente?» le pregunté.

«¿Por dónde empiezo?» me dijo. «Puedo darte una lista». Y eso fue lo que hizo:

Cree en mí.
Me dice la verdad en amor.
Me lleva más allá de mi zona de comodidad pero no más allá de mi zona de capacidad.
Me abre el mundo llevándome al extranjero.
Me da un ejemplo de liderazgo en los tiempos malos y buenos.
Habla con los demás muy bien de mí, más de lo que merezco.
Me abre puertas en la vida que yo nunca podría abrir.
Busca lo mejor para mí de manera constante.
Me permite ser parte de su círculo íntimo.
Me trata como un hermano menor, un don de inmenso valor.

«Si nunca hubiera conocido a John, toda mi vida sería diferente: mi carrera, mis habilidades, mis relaciones» sigue diciendo Dan, «él ha añadido valor a mi vida durante dos décadas. ¿Cómo se puede medir eso?»

Pareciera que John no desperdicia ninguna oportunidad para poder añadirles valor a las personas. Y esa prioridad, tanto como otras, lo han hecho ganarse a las personas.

JOHN... CON UN MOMENTO DE ENSEÑANZA
AL ESTILO MAXWELL

Muy dentro de mí, creo que no hay nada más importante en la vida que las personas. Habiendo aceptado esa verdad, intento vivirla con integridad. Eso significa hacer todo lo que está en mis posibilidades para añadirles valor.

Si usted desea convertirse en una persona que les añade valor a los demás, entonces haga suyas estas cosas:

VALÓRELOS

Todo comienza con su actitud hacia los demás. El experto en relaciones humanas Les Giblin dijo: «No podemos hacer que un compañero se sienta importante en nuestra presencia si secretamente creemos que es un don nadie». ¿No es cierto? ¿No cree que es difícil hacer algo bueno por una persona cuando no sentimos aprecio por ella?

La forma en que vemos a las personas es muchas veces la diferencia entre manipularlos y motivarlos. Si no queremos ayudar a los demás, pero sí queremos que ellos nos ayuden, entonces tenemos un problema. Manipulamos a las personas cuando las utilizamos para nuestra ventaja *personal*. Por otro lado, las motivamos cuando lo que buscamos es una ventaja mutua. Añadirles valor a otros es, en consecuencia, una proposición donde todos ganan.

> «No podemos hacer que un compañero se sienta importante en nuestra presencia si secretamente creemos que es un don nadie».
>
> —Les Giblin

¿Cómo ve usted a los demás? ¿Son ellos receptores potenciales del valor que usted les pueda dar, o son simplemente una molestia en su carrera al éxito? El autor Sydney J. Harris dijo: «La gente quiere ser apreciada, no impresionada. Quiere que se les trate como seres humanos y no como cajas de resonancia para el ego de otras personas. Quieren ser tratados como el objeto final, no como un medio para la gratificación de la vanidad de otro». Si usted desea añadirles valor a las personas, tiene que valorarlas primero.

HÁGASE MÁS VALIOSO

¿Ha oído alguna vez la frase «No se puede dar lo que no se tiene»? Existen personas que tienen corazones muy buenos y desean dar; sin embargo, tienen muy poco que ofrecer. ¿Por qué? Porque ellos mismos no se han valorizado. Llegar a ser más valioso no es un acto enteramente egoísta. Cuando usted adquiere conocimiento, aprende una nueva habilidad, o más experiencia no solo está mejorando, sino que además está aumentando su capacidad para ayudar a los demás.

En 1974 me comprometí a crecer personalmente. Sabía que eso me ayudaría a ser un mejor ministro, así que empecé a leer libros, a escuchar enseñanzas, a asistir a conferencias y a aprender de buenos líderes. En ese tiempo no tenía idea que ese compromiso sería lo más importante que jamás haya hecho para ayudar a los demás, pero eso fue lo que pasó. Entre más progresaba, también progresaba mi capacidad para ayudar a otros. Entre más me desarrollaba, más podía ayudar a otros a que se desarrollaran. Este principio es el mismo para usted. Si quiere añadirles valor a las personas, usted debe hacerse a sí mismo más valioso.

CONOZCA LO QUE LA GENTE VALORA

Como ya ha leído los capítulos «Escuche con el corazón» y «Encuentre la llave que abre los corazones de los demás», tiene un buen fundamento sobre el principio detrás de esta práctica. Si ya ha empezado a practicarlo, entonces se habrá dado cuenta que hay que dedicarle mucho tiempo, pero a la vez sabrá que es el paso más importante para añadirles valor a las personas. Una vez que sabemos lo que la gente valora, sólo necesitamos un poco de esfuerzo para añadirles valor.

Saber lo que las personas que aprecio valoran se ha hecho parte de mi vida ahora y usted debería hacer lo mismo. Aquí hay algunos ejemplos de mi propia vida:

Mi esposa Margaret valora mi tiempo con ella al igual que mi atención hacia ella.

Mis hijos, Elizabeth y Joel Potter, valoran el legado que Margaret y yo les estamos dejando.

Larry, mi hermano, valora mis oraciones y nuestro tiempo juntos.

Eric y Troy, mis sobrinos, valoran el consejo paterno y el amor incondicional que les doy.

Linda, mi asistente, valora mi tiempo y la efectividad, ya que ella es parte integral de ello.

John, el presidente de mi organización sin fines de lucro EQUIP, valora el liderazgo y las oportunidades que le doy.

Kirk, el presidente de mi compañía ISS, valora mi amistad y mi compañerismo.

Kevin, el presidente de la compañía INJOY, valora las oportunidades que le doy.

Tom valora mi amistad y mi apoyo.

Rick valora mi relación de «hermano mayor» que tengo con él.

Joel valora las oportunidades de conexión que yo le doy.

Podría seguir mencionando cosas, pero no quiero aburrirlo. El punto es que debemos dedicar un tiempo para saber lo que las personas que más apreciamos valoran.

A propósito, añadirles valor a los demás no es sólo un regalo para ellos; también lo es para usted. Las personas que yo nombré en la lista, continuamente añaden valor a mi vida. Algunos me han dado tanto que no importa lo que haga por ellos, nunca podré igualar lo que ellos han hecho por mí.

LES... RECAPITULANDO

Para aplicar la enseñanza de John a su propia vida...

Olvídese
De intentar convertirse en una persona de éxito,
intente convertirse en una persona de valor.

Pregúntese
¿Quién añade valor a mi vida y a quién me gustaría
añadirle valor?

Hágalo
Haga una lista de las personas en su vida y anote
exactamente lo que ellas más valoran de usted.

Recuerde
Si usted no valora a una persona, ella nunca se sentirá
importante en su presencia.

19

Recuerde las historias de la gente

Muchos hombres preferirían más que la gente escuchara
su historia a que les concedieran sus peticiones.
—Phillip Stanhope, Conde de Chesterfield

LES... OBSERVANDO LA PRÁCTICA EN ACCIÓN

«Les» me dijo John: «Háblame de tus padres. ¿Cómo les va desde que se mudaron a Phoenix?»

Sólo alguien como él se acordaría que mis padres se habían mudado recientemente.

«¿Y tus hermanos?» continuó, «¿qué hay de nuevo con ellos?»

John siempre parece recordar mi historia, al igual que la de muchos otros. Es muy bueno en eso y también muy constante. Cuando conoce a alguien, lo he escuchado preguntarle por su vida. Así es que le pregunté cómo había aprendido a recolectar las historias de las personas.

«Para empezar», me explicó, «me encantan las buenas historias, sea sobre alguien que acabo de conocer o una aventura de alguien a quien conozco de toda la vida. De hecho, cuando estoy con mi padre, que tiene ahora ochenta y dos años, nos pasamos contando historias. Hablamos de lo nuevo que está sucediendo en nuestras vidas, y de algunas historias que he escuchado docenas de veces. Algunas, a mi papá le encanta contarlas una y otra vez. Otras, yo le pido que lo haga».

«Pero en tu caso», le comenté, «parece que no te demanda mucho esfuerzo escuchar sobre la vida de alguien que acabas de conocer».

«Es cierto» me dijo. «Si tengo algunos minutos, le pido que me cuente sobre su vida, porque sé que durante ese rato la conversación se enfocará enteramente en él: sus intereses, sus sueños, sus decepciones, sus preguntas, sus esperanzas, su itinerario. Conocer la vida de una persona es una gran forma de conectarse con ella. Recordar su historia y edificar sobre ella es la mejor manera de desarrollar una relación fuerte.

»Por ejemplo, el otro día tomé un taxi del aeropuerto de San Diego hasta Coronado. Y conversé con el chofer del taxi. Me dijo que se llamaba Rafael. Le pedí que me contara algo de su vida y me dijo que llevaba viviendo en Coronado treinta y cinco años y que allí había encontrado algo que nunca había encontrado en ningún otro lugar: vivir en comunidad. Todas las tardes se reúne con sus amigos en un mercado local donde conversan y se divierten. Se sentía tan emocionado de que le hubiera preguntado acerca de él que terminó invitándome al mercado».

Eso demuestra la gran conexión que uno puede hacer en poco tiempo con sólo preguntarles a las personas acerca de sus vidas. Imagínese la impresión cuando usted les recuerde un aspecto de su historia; podrá volver a conectarse fácilmente con ellas.

JOHN... CON UN MOMENTO DE ENSEÑANZA AL ESTILO MAXWELL

Hay muchas buenas razones por las cuales aprender sobre la vida de una persona. Aquí hay algunas que me siguen motivando para continuar esta práctica con los demás:

> *Querer saber* la historia de una persona es como decirle: «Usted podría ser especial».
>
> *Recordar* la historia de una persona es como decirle: «Usted es especial».
>
> *Recordarle a esa persona* aspectos de su historia es como decirle: «Usted es especial para mí».
>
> *Repetir* la historia de una persona a los demás es como decirle: «Usted debería ser especial para ellos».

¿Cuál es el resultado? Usted se convertirá en una persona especial para aquella que le compartió su historia.

Son sólo tres pasos muy simples los que se necesitan para ganarse a las personas con esta práctica. La clave es cultivar el hábito de seguir estos pasos con las personas que llegan a su vida.

1. Pregunte

Cuando conozca a alguien, luego de las presentaciones, no lo piense dos veces. Pídale que le hable de su vida. Puede hacerlo de varias formas. Puede preguntarle directamente, «Hábleme de usted». Puede también preguntarle de dónde es o cómo llegó al lugar donde está. Use su propio estilo.

Si ha intentado esto antes y le preocupa que pueda ser embarazoso la primera vez, entonces practique con las personas que difícilmente verá nuevamente: un chofer de taxi, un pasajero en un avión, una mesera en un restaurante. Cuando se sienta cómodo preguntando a los extraños acerca de sus vidas, el resto será muy fácil.

2. Escuche

Hace años me encontré con una lista de sugerencias para ser un buen escuchador. (Creo que la recorté de la revista *Bits and Pieces.*) Aquí hay algunos de esos consejos:

Mire a la otra persona a los ojos.

Ponga atención. No mire hacia otro lado ni haga una mueca de disgusto cuando escuche algo con lo que no está de acuerdo.

No interrumpa. Utilice frases como «adelante» o «ya veo» en lugar de frases como «Sí, eso me recuerda...»

Dígale a la persona que está hablando lo que piensa que oyó. Empiece diciendo: «Déjeme ver si le estoy entendiendo».

Lo importante es prestarle toda la atención a la otra persona. Hay muchos que mientras que se les habla están pensando en lo que van a decir cuando sea su turno y no están escuchando. Cuando usted esté prestando atención completa a las personas, estará en una mejor posición para dar el próximo paso.

3. RECUERDE

Algunas personas tienen una gran habilidad para los números, otras para los nombres o los rostros, pero casi todas tienen la capacidad de recordar una historia. Los niños pequeños las recuerdan. Y existen historias que han sido recitadas y cantadas de memoria por miles de años. Incluso historias extensas como la Ilíada y la Odisea, que tienen unos tres mil años de antigüedad, fueron cantadas durante tres siglos antes de ser escritas. Las historias se quedan con nosotros.

Hace un par de años, el departamento de conferencias de INJOY recibió una carta de Ellis Brust de la Iglesia Episcopal de San Miguel y Todos los Ángeles que nos ilustra el poder de recordar la historia de una persona. Esto es lo que la carta decía:

Uno de mis líderes en la iglesia acaba de abrir un negocio de comida rápida en el pequeño pueblo de Gilmer, al este de Texas. Se asoció con otros dos hombres de la iglesia y se han comprometido a manejar el negocio bajo principios cristianos. Hace como tres o cuatro años llevé a este líder a escuchar a John a una de sus conferencias. Posteriormente mi amigo se acordó de la historia de Nordstrom (acerca de cómo sus empleados hacían un esfuerzo extra) que John contó esa vez. Él ha intentado entrenar a sus empleados usando esos principios.

Durante la primera semana de estar abiertos al público, él escuchó sin querer a dos ancianas que hablaban acerca de las gaseosas que ofrecían. Una de ellas estaba decepcionada porque no había Dr. Pepper dietética. Él habló con la dama, supo que era diabética y que prefería la gaseosa Dr. Pepper dietética sobre las demás, así que subió a su auto, fue hasta un «Seven Eleven» (pequeña tienda de autoservicio), compró un paquete de seis Dr. Pepper dietéticas, regresó a su negocio y le ofreció a la anciana su refresco preferido en un vaso con hielo. Y le dijo que siempre habría una caja de Dr. Pepper dietética en el refrigerador con su nombre y que cada vez que volviera solo tendría que decirle al dependiente su nombre y cuál era su bebida preferida para que se la diera.

La señora, impresionada, dijo: «Joven, he estado en este pueblo toda mi vida. Y conozco a muchas personas que oirán sobre lo que usted hizo por mí hoy. Gracias, seremos clientes asiduos».

Pensé que le gustaría saber cómo, en una manera mínima, su trabajo está cambiando vidas. Siga adelante.

¿Fue lo que hizo el dueño del restaurante algo importante? ¿Cambió la vida de la anciana? No. De hecho, no sabemos si alguna vez volvió a hablar con ella o si supo algo más de su historia, pero la hizo sentirse especial. Si las personas nos importan, si las escuchamos y tratamos de recordar sus historias, podremos causar un impacto en ellas. Y podremos hacerlas sentir como un millón de dólares.

LES... RECAPITULANDO

Los investigadores lo llaman el «guión del compromiso». Es una parte de la historia de una persona que es muy personal y significativa. Por mi propia experiencia y por numerosos estudios, puedo atestiguar el hecho de que cuando nos acercamos a una persona, cuando dedicamos nuestro tiempo a explorar y a recordar su historia, logramos una conexión extremadamente valiosa.[1]

Para aplicar la enseñanza de John a su propia vida

Olvídese
De contar su propia historia, más bien escuche la historia de los demás.

Pregunte
¿Cuál es su historia?

Hágalo
Traiga a colación algún aspecto de la vida de la persona la próxima vez que la vea.

Recuerde
A todos les encanta contar acerca de sus vidas.

20

COMPARTA UNA
BUENA HISTORIA

El universo está hecho de historias, no de átomos.
—MURIEL RUKEYSER

LES... OBSERVANDO LA PRÁCTICA EN ACCIÓN

Vi a John en la acera del aeropuerto de Seattle y me acerqué para recogerlo. Después de echar su maleta en la parte de atrás de mi Jeep, subimos al auto y nos fuimos. Pasamos a cenar antes de ir al compromiso que teníamos.

Después de unos minutos de ponernos al día, llegamos al hotel. Cuando pasamos por el lobby, John me dijo: «Un momento, quiero contarte una historia». Me llevó por un pasillo hasta que llegamos a un salón de reuniones.

«Este lugar es muy especial para mí», me explicó. Señaló el asiento que estaba al final de la mesa de conferencias. «Yo estaba sentado en ese asiento cuando ISS se estaba convirtiendo en la compañía que es hoy». John estaba haciendo referencia a una de sus organizaciones. Señaló cada asiento y me dijo quienes se habían sentado en ellos. Luego me explicó el proceso completo de lo que pasó ese día. Me contó cómo había volado a Seattle para pedir el consejo de un ejecutivo de negocios y de cómo su sueño de ayudar a los pastores a recaudar dinero para ampliar sus iglesias había pasado de ser una visión a una realidad; también me contó que había contratado a ese líder de negocios para que pudiera ayudar a las iglesias a escala nacional.

La forma en que me lo contaba hizo que fuera fácil visualizar lo que sucedió y sentir su entusiasmo. «Te digo, Les, volver al lugar donde algo bueno sucedió siempre renueva mi gratitud».

La lección de esa historia se quedó grabada en mí. John me la contó hace ocho años y todavía la recuerdo vívidamente. De hecho, no puedo dejar de pensar en ella cada vez que paso por ese hotel. En ese momento, fue un importante punto de conexión entre John y yo. Él me incluyó en una parte privada de su vida, compartiendo conmigo su corazón, sus sueños y su historia personal. Me hizo sentir bien. Todavía lo hace.

Como comunicador, siempre me estoy fijando cómo la gente habla ante el público. John siempre tiene una buena historia que contar, sea enfrente de una audiencia o de manera individual, y usa muchas historias cuando se comunica. Así que le pregunté por qué lo hacía.

«Es fácil», me dijo. «Las historias se quedan; los principios se van». «Si tú quieres que la gente recuerde lo que dijiste, cuenta una historia».

Y agregó: «Déjame decirte algo más. Me tomó un tiempo aprender la lección acerca de usar historias en mis escritos. Ya que soy una persona a la que le gusta ir al grano, solía enseñar principios sin muchas anécdotas, pero un amigo me convenció que cambiara mi estilo. Y ha sido la gran diferencia para mis lectores. Como escritor, uno tiene que preguntarse: "¿Volteará el lector la página?" Lo más probable es que sí, si estoy utilizando una buena historia».

Todavía no he conocido a una persona que no disfrute de una buena historia. ¡Esa es una de las razones por las cuales los narradores tienen tanto magnetismo!

JOHN... CON UN MOMENTO DE ENSEÑANZA AL ESTILO MAXWELL

En el otoño de 1999, Margaret, algunos amigos y yo visitamos el pueblito de Jonesborough, Tennesse. Más de siete mil personas de todo el país, muchos haciendo un gasto grandísimo, vinieron a sentarse por varias horas sobre unas sábanas, o en sillas plegables, algunas veces bajo la lluvia. ¿Por qué? Porque querían asistir al "Festival nacional anual de cuenta cuentos".

Observamos narrador tras narrador cautivando a los oyentes. Las historias eran diversas, tristes, alegres, graciosas, sentimentales, históricas, ficticias, místicas. Algunas tenían un gran mensaje; otras eran sólo entretenimiento. Pero todas las historias y los narradores tenía una cosa en común: El poder para cautivar a los oyentes.

Al final de la conferencia, mis amigos y yo hablamos del por qué estos cuenta cuentos eran tan efectivos. «¿Cuáles eran los rasgos que los hacían tener tanto éxito?» Aquí presento la lista de las cosas que descubrimos:

Entusiasmo. Disfrutaban lo que estaban haciendo y lo expresaban con gusto y vitalidad.

Animación. Apoyaban las presentaciones con expresiones faciales y gestos muy dinámicos.

Participación de la audiencia. Casi todos involucraron a la audiencia de una u otra forma. Les pidieron que cantaran, que aplaudieran, que repitieran frases o que utilizaran el lenguaje de señas.

Espontaneidad. Respondían con espontaneidad a sus oyentes.

Memorización. Contaban las historias sin utilizar ningún papel lo que les permitía un contacto visual con el público.

Humor. El humor estaba presente hasta en los relatos serios o tristes.

Creatividad. Los temas clásicos los contaban desde una perspectiva fresca.

Personalizar. La mayoría de los relatos eran en primera persona.

Reconfortantes. Los relatos hacían que la gente se sintiera bien por haberlos escuchado.

Contar historias es muy efectivo cuando se hace de persona a persona, en pequeños grupos y enfrente de grandes audiencias. Invariablemente, el buen narrador se convierte en el centro de atención.

Contar historias es una habilidad que se da solo con la práctica y cualquiera puede aprender a desarrollarla. Si usted no tiene mucha experiencia o le gustaría mejorar, permítame darle unos consejos:

Comparta algo que usted haya experimentado

Las mejores anécdotas son aquellas que hemos vivido en carne propia. Nos importan, conocemos el material y sabemos cuál fue el efecto en nosotros. Y podemos moldearlas de la forma que queramos. Todos tenemos experiencias que les interesarán a otros.

Cuéntela para lograr una conexión

Las personas a las que les resulta más difícil usar anécdotas son las que tratan de impresionar a otros con ellas. Si ese es su caso, cambie su objetivo. Use sus relatos con el propósito de lograr una conexión con los demás. Que su enfoque esté en el que escucha y no en usted, así su habilidad para contar ilustraciones mejorará de la noche a la mañana.

> Las mejores anécdotas son aquellas que hemos vivido en carne propia.

Ponga su corazón en ello

A la gente le encanta el humor, pero no todos pueden contar una historia divertida. Si usted lo puede hacer, adelante, pero nunca subestime el poder de un relato que venga del corazón. Si quiere evidencias, fíjese en las ventas de los libros *Chicken Soup for the Soul* (Sopa de pollo para el alma). Si desea contar una anécdota que logre una conexión, debe ser cálida. Hágalo de corazón y no tema mostrar a las personas que a usted le importa lo que está contando.

ASUMA QUE LA GENTE QUIERE ESCUCHARLE

Uno de los errores que cometen los narradores novatos es ser indecisos. Nada hace que una narración caiga más rápido en la monotonía que una descripción tímida. Si usted va a contar una ilustración, sea osado, sea dinámico, sea simpático. Dé lo mejor o mejor no dé nada.

He leído que con frecuencia la «élite» criticaba al presidente Lincoln por usar demasiados relatos, pero él no permitió que eso lo detuviera, porque sabía que le daban resultado. Él dijo una vez: «Hay personas que dicen que uso demasiados relatos; lo reconozco, pero me he dado cuenta por experiencia que la gente común se informa más fácilmente por medio de una gran ilustración que de cualquier otra manera, y acerca de lo que los pocos críticos piensen, no me interesa».

Siga el liderazgo de Lincoln y de otros grandes líderes que sabían cómo ganarse a las personas.

Use un buen relato, logre llegarles a sus corazones y gáneselos.

LES... RECAPITULANDO

La investigación apoya el valor de relacionar sus pensamientos y sus ideas a través de relatos. De hecho, un estudio reciente reveló que aquellas personas que usan ilustraciones para poder relacionarse con los demás logran obtener una mayor autenticidad y mejoran su autoestima. Como resultado, su auto expresión hace que los demás se sientan bien y que se sientan mejor durante el proceso.[1]

Para aplicar la enseñanza de John a su propia vida...

Olvídese
De ser un narrador profesional.

Pregúntese
¿Qué relato debo usar para que mi presentación sea más convincente?

Hágalo
Utilice un relato en lugar de apoyarse sólo en los hechos.

Recuerde:
Los relatos se quedan, los principios se van.

21

DÉ SIN CONDICIONES

La pregunta más persistente y urgente en la vida es:
¿Qué es lo que estás haciendo por otros?
—MARTIN LUTHER KING, JR.

LES... OBSERVANDO LA PRÁCTICA EN ACCIÓN

Cuando visito a John en su oficina en Atlanta, una de las personas a la que siempre veo es a Linda Eggers, su asistente. Hace unos cuantos días platiqué con ella y le pregunté sobre algún comentario que ilustrara el concepto de dar sin esperar nada a cambio.

«¿Quién podría contarme una buena historia?» le pregunté. «¿A quién me recomienda?»

«¿Qué tal yo?» me respondió. Y empezó a contarme historia tras historia, pero hubo una en particular que parecía ser muy importante para ella. Ocurrió cuando su hija menor, Kim, estaba por graduarse del bachillerato. En ese mismo momento también el trabajo de la oficina era frenético, y su otra hija, Jenny, que vivía en Ohio, estaba embarazada con un bebé que quería dar en adopción.

Un día antes de la graduación de Kim, Linda supo que Jenny estaba teniendo complicaciones muy serias y que iba a ser operada.

«Soy una persona relativamente estable», me dijo Linda. «No existen muchas cosas que me afecten, pero durante esos días, me sentía totalmente abrumada».

Me dijo que cuando se sentó y le contó a John lo que le estaba sucediendo, luego de unas bellas palabras de aliento y de oración, John se ofreció a ayudarla. Lo primero que hizo fue comprarle un boleto de ida y regreso para que pudiera estar con Jenny el día de su cirugía y todavía a tiempo para estar con Kim para su graduación. Y le compró otro boleto para que pudiera regresar y estar con Jenny durante su recuperación.

«¿Cuantos jefes conoces que harían algo así?» dijo Linda.

«Debido a su agenda tan ocupada, era muy complicado para John dejarme ir durante ese tiempo. No obstante, me dijo: "Tómate el tiempo que necesites y has lo que tengas que hacer". Y lo decía de corazón. Estuve fuera de la oficina por toda una semana».

La historia de Linda no fue la única que escuché. Charlie Wetzel, el escritor de John por más de una década, me contó cómo John le ofreció enviarlo a una conferencia para escritores por toda una semana cuando tan sólo había trabajado para él un año. Cuando Charlie le explicó que no podía ir porque era su primer aniversario de bodas, John le ofreció enviarlos a los dos. Kevin Small, el presidente de INJOY, me contó acerca de un tiempo cuando él estaba teniendo dificultades financieras y cómo John le regaló cincuenta dólares para que llevara a su esposa a cenar.

La generosidad es una cualidad extremadamente atractiva. Cuando uno alienta a los demás –sin esperar nada a cambio– realmente los hace sentirse especiales.

JOHN... CON UN MOMENTO DE ENSEÑANZA AL ESTILO MAXWELL

Pierre Teilhard de Chardin decía: «Lo cosa más satisfactoria en la vida es haber podido dar gran parte de uno mismo a los demás». Cualquiera que haya ayudado gustosamente a otra persona sabe que esto es cierto. Sin embargo, no todos pueden adoptar esa mentalidad. ¿Por qué? Primero que todo, yo creo que no tiene nada que ver con las circunstancias. He conocido a personas muy generosas que casi no tenían nada pero que estuvieron dispuestas a compartir lo poco que tenían. Y he conocido a personas que tienen mucho y sin embargo son tacañas con su tiempo, su dinero y su talento.

Es más bien un asunto de actitud. Me he dado cuenta que las personas que disfrutan dando sin esperar nada a cambio generalmente exhiben dos características que todos podemos adquirir:

1. Tienen una mentalidad de abundancia

Si ha leído el libro de Stephen Covey, *The Seven Habits of Highly Effective People* (Los siete hábitos de la gente altamente efectiva), entonces estará familiarizado con los conceptos relacionados con la mentalidad de escasez o de abundancia. En pocas palabras, la gente que tiene una mentalidad de escasez cree que la vida sólo tiene un suministro limitado de las cosas, trátese de dinero, recursos, oportunidades, etcétera. Ven el mundo como un pastel que tiene un número limitado de rebanadas. Y una vez que el pastel se acaba, ya no hay más. Como resultado, luchan por obtener su rebanada, y una vez que la tienen, la protegen a capa y espada.

La gente que posee una mentalidad de abundancia cree que existe mucho de todo. Si la vida es un pastel y se están comiendo las rebanadas, la solución para una persona con una mentalidad de abundancia es hornear otro pastel. Siempre hay más dinero que se puede hacer, más recursos que descubrir, otras oportunidades que buscar. ¿Una vieja solución ya no está funcionando? No se preocupe: alguien encontrará otra. Los inventores, los empresarios y los exploradores del mundo están creando continuamente nuevos «pasteles» para que todos puedan tener su rebanada.

Mi opinión es que las personas tienden a caer en una de estas dos categorías: O de los que toman o de los que hacen. Los que toman son personas que toman para sí, agarran y consumen lo que pueden con tal de resolver sus propias necesidades; ven la vida como una carrera de ratas. Por supuesto, el problema principal con eso es que aunque usted gane la carrera, siempre seguirá siendo una rata. Los que hacen por su parte, son personas que dan, que crean y que hacen que las cosas sucedan. Crean progreso y fomentan el triunfo de los demás. A ellos les da igual dar o recibir ya que continuamente están ayudando a crear más para los demás.

La gente que de manera habitual da sin esperar nada a cambio casi siempre tiene una mentalidad de abundancia. Dan porque creen que al hacerlo no se quedarán sin recursos. El pastor y antiguo profesor Henri Nouwen decía: «Cuando no damos, por esa mentalidad de escasez, lo poco que tenemos disminuye. Cuando damos generosamente, con una mentalidad de abundancia, lo que damos se multiplicará».

> «Cuando no damos, por esa mentalidad de escasez, lo poco que tenemos disminuye. Cuando damos generosamente, con una mentalidad de abundancia, lo que damos se multiplicará».
>
> —Henri Nouwen

He descubierto que eso es cierto. Una vez alguien me preguntó por qué debía adoptar esa mentalidad de abundancia y se sorprendió con mi respuesta. Le dije que si creía en la abundancia, eso es lo que la vida le daría. Si creía en la escasez, eso es lo que obtendría. No sé por qué es eso, pero después de cincuenta años de ponerle atención a las actitudes de las personas y de mirar cómo sus vidas se desarrollaban, llegué a la conclusión de que es cierto. Si usted desea ser más generoso, cambie su manera de pensar y su actitud acerca de la abundancia. No solamente le permitirá ser más generoso, sino que también cambiará su vida.

2. Ven el cuadro completo

Las personas que dan sin esperar nada a cambio generalmente están conscientes de la ayuda que han recibido en su vida. Reconocen que están parados sobre los hombros de generaciones anteriores. El progreso que logran es debido, al menos en parte, al trabajo y al sacrificio de otros que vinieron antes. Por esta razón, han determinado hacer por la siguiente generación lo que las anteriores hicieron por ellos.

Encontré un poema de W. A. Dromgoale titulado «El edificador de puentes». Ilustra de manera muy especial este deseo de dar a los demás:

> Un anciano caminando por un sendero solitario,
> en una noche fría y gris,
> llegó hasta un abismo vasto, profundo y amplio.

> El anciano cruzó por el crepúsculo oscuro,
> las aguas abajo no le causaban temor;
> pero una vez que llegó al otro lado,
> tendió un puente sobre el río.

> «Anciano» le dijo un viajero que pasaba,
> «Estás malgastando tu fuerza al construir aquí.
> Tu vida se acabará con el día.
> Y nunca tendrás que volver a cruzar.
> Cruzaste el abismo, amplio y profundo,
> ¿Para qué entonces, un puente crear?»

> El edificador levantó su anciana cabeza gris,
> «Buen amigo, por este sendero que he cruzado», le dijo,
> «vendrá un joven cuyos pies por aquí caminarán.
> El abismo que fue sin importancia para mí,
> para el joven un obstáculo puede ser.
> Él también durante el crepúsculo habrá de pasar.
> Buen amigo, es por él que estoy haciendo este puente».

Si deseamos ser más generosos en dar, necesitamos una perspectiva más amplia. Cuando nos damos cuenta cuánto nos hemos beneficiado por la amabilidad de otros, se hace más fácil ser generoso. Y lo mejor es que dar es algo muy gratificante. El presidente de una universidad y reformador educacional Horace Mann decía: «Debemos hacernos el propósito de ser amables y generosos o perderemos la mejor parte de nuestra existencia. El corazón que se esfuerza por alguien se hace más grande y se llena de gozo. Este es el secreto de la vida interna. Nosotros nos hacemos un gran bien cuando estamos haciendo algo por los demás». Si damos sin egoísmo, obtendremos algo en retorno.

LES... RECAPITULANDO

Esta lección la uso todo el tiempo en las sesiones de terapia con mis clientes. Y está respaldada por una gran cantidad de investigación. Los estudios han demostrado que entre mayor sea el nivel de apoyo que demos a los demás, mayor bienestar personal experimentaremos. Los investigadores le llaman a esto «actividad generadora» y está vinculada consecuentemente a un crecimiento personal más grande y a una mejor salud física.[2]

> Los estudios han demostrado que entre mayor sea el nivel de apoyo que demos a los demás, mayor bienestar personal experimentaremos.

Para aplicar la enseñanza de John a su propia vida...

Olvídese
De la escasez; más bien, enfóquese en la abundancia.

Pregúntese
¿A quién puedo ayudar sin esperar nada a cambio?

Hágalo
Hágase el propósito de ser amable y generoso con una persona específica.

Recuerde
Cuando usted está haciendo algo bueno por los demás, se está haciendo un mayor bien a usted mismo.

22

APRÉNDASE EL NOMBRE
DE SU CARTERO

Recuerde que para una persona, su nombre es el sonido
más dulce y más importante en cualquier idioma.
—DALE CARNIEGE

LES... OBSERVANDO LA PRÁCTICA EN ACCIÓN

John cuenta la historia de cómo solía memorizarse los nombres de las personas que asistían a su iglesia cuando era pastor de la Iglesia Wesleyan Skyline en San Diego, California. A las visitas les hacía la siguiente proposición: Si dejaban que alguien los fotografiara el domingo después del servicio, les prometía aprenderse sus nombres para el siguiente domingo. John hizo esto hasta que terminó su trabajo con la iglesia en 1995. Cumpliendo su promesa, pudo aprenderse los nombres de más de dos mil doscientas personas.

En el verano de 2004, la iglesia Skyline celebró su quincuagésimo aniversario y John junto con su esposa Margaret fueron para participar en la celebración. John me contó que ese día asistieron miles de personas, a muchos de los cuales no había vuelto a ver por años. Afortunadamente, cada persona traía una etiqueta con su nombre. «Pero cuando me acerqué a una pareja», me dijo, «el esposo puso su mano sobre la etiqueta. Cuando lo llamé por su nombre él sonrió y me dijo: "Sólo quería ver si todavía se acordaba de nuestros nombres"».

«Eso no me sorprende», le dije, «pero sí me impresiona».

John me respondió: «¿Sabes? A los cincuenta y siete, ya no es tan fácil, pero todavía me esfuerzo por aprenderme los nombres».

Siempre he admirado esta habilidad de John. De hecho, me ha inspirado en mi trabajo como profesor para aprenderme los nombres de los cientos de estudiantes que llegan a mis clases cada semestre en la universidad. ¿Por qué lo hago? Porque sé que el nombre de una persona es su letrero al mundo, su posesión más íntima y distintiva. Y cuando usted recuerda el nombre de una persona, lo hace sentirse como un millón de dólares.

> El nombre de una persona es su letrero al mundo, su posesión más íntima y distintiva.

JOHN... CON UN MOMENTO DE ENSEÑANZA AL ESTILO MAXWELL

En 1937 se publicó el abuelo de todos los libros sobre habilidades. Fue un éxito de la noche a la mañana al punto que llegó a vender más de quince millones de ejemplares. Hablo del libro *How to Win Friends and Influence People* (Cómo ganar amigos e influenciar en las personas) de Dale Carnegie. Lo que hizo que ese libro fuera tan apreciado era la comprensión de Carnegie por la naturaleza humana. Me encantan sus simples palabras de sabiduría. Algo que aprendí de Carnegie fue esto: Recuerde y use el nombre de una persona. «Si usted desea hacer amigos», escribió, «esfuércese en recordarlos. Si recuerda mi nombre, me estará dando un elogio sutil; me estará indicando que he hecho una impresión en usted. Recuerde mi nombre y al hacerlo me estará dando más valor y un sentimiento de importancia».

Lo que era verdad en 1937, lo sigue siendo ahora en este mundo agitado. En estos días, un número de cuenta o un título reemplazan con frecuencia el nombre de una persona. Recordar nombres puede ayudarle a ampliar su imagen personal, mejorar su estilo y, más importante aun, aumentar su impacto en los demás. Y cuando usted se esfuerza en aprender los nombres no sólo de sus clientes y amigos importantes, sino también de todos con los que interactúa; por ejemplo, el cartero, la persona en la lavandería o el dueño de la tienda del barrio, habrá logrado llegar a otro nivel de conexión en sus relaciones.

Si desea mejorar su habilidad con los nombres, aquí le presento algunas sugerencias:

RECONOZCA LA IMPORTANCIA DE UN NOMBRE

¿Cómo se siente cuando alguien lo llama con el nombre equivocado? ¿Y qué tal cuando pasa tiempo con la persona y aun así no recuerda su nombre? ¿Y cómo se siente cuando no ha visto a alguna persona por mucho tiempo y ella sí se acuerda de su nombre? ¿No lo hace sentirse bien? (¿No lo impresiona, además?) Cuando las personas se acuerdan de su nombre, están haciendo que usted se sienta valorado.

El dramaturgo William Shakespeare escribió: «Un buen nombre, en un hombre o en una mujer, es una joya para su alma. Aquel que roba mi cartera, está robando basura; pero aquel que birla mi buen nombre, me roba de lo que no le enriquece, y me empobrece en verdad».

UTILICE EL MÉTODO SAVE

Mi amigo Jerry Lucas, quien es conocido como el «Doctor Memoria» ha dedicado su vida, después de su gran carrera en la NBA, a ayudar a los niños escolares y a los adultos para que mejoren su memoria por medio de una variedad de técnicas innovadoras. Una de ellas es el método que llama «SAVE» (Save, que quiere decir «salvar» o «guardar» es la palabra que en el idioma inglés se usa para archivar información en una computadora. N. del Trad.). Funciona de esta manera:

S (*Say the name*) Diga el nombre de la persona al menos tres veces en la conversación.
A (*Ask*) Haga una pregunta acerca del nombre de esa persona (por ejemplo, ¿cómo se deletrea?)
V (*Visualize*) Visualice un rasgo físico o del carácter de la persona.
E (*End*) Termine la conversación mencionando el nombre de la persona.

Hace algunos años Jerry demostró lo útil que este método era cuando recordó los nombres de todas las personas en la audiencia del programa *The Tonight Show* (un programa de televisión muy famoso en los Estados Unidos. N. del Trad.). Pienso que también puede ayudarle a usted a recordar los nombres y los apellidos de las personas que conoce.

En caso que la memoria le falle...

Casi todas las personas tienen problemas para recordar nombres. Cuando esto le suceda a usted, trate de recordar el momento cuando conoció a esa persona o la última vez que la vio. Si aun así no puede recordar, entonces pregunte, «¿Cuánto tiempo ha pasado?» Quizás eso le ayude.

Si usted se encuentra con personas junto con un amigo o un colega, algunas veces se pueden ayudar mutuamente. Presente a la persona cuyo nombre recuerda a la persona cuyo nombre no recuerda; es probable que los presentados digan sus nombres. O tal vez puede ponerse de acuerdo con su amigo con anticipación para ayudarse mutuamente. Mi esposa y yo hacemos eso. Cuando nos estamos presentando, Margaret sabe que si no le presento a esa persona por nombre es porque no estoy seguro o no me acuerdo como se llama.

Ella rápidamente se presenta a sí misma para poder hacer que la otra persona diga su nombre.

Cuando todo esto falla, sólo diga: «Lo siento; me acuerdo de usted pero me temo que olvidé su nombre». Una vez que la persona le ha dado su nombre de nuevo, use el método SAVE para que sea menos propenso a olvidarlo en el futuro.

NO SE SIENTA TAN MAL SI OLVIDA UN NOMBRE

Si usted se esfuerza, *logrará* poco a poco recordar el nombre de las personas. Sin embargo, no sea demasiado duro consigo mismo cuando se equivoque. Eso me pasó recientemente con una pareja de apellido Lake. Una de las cosas que hago cuando me aprendo un nombre, es asociar el nombre con una imagen mental. Cuando me presentaron a los Lake, inmediatamente hice una imagen mental de un lago ya que Lake traducido al español significa lago y pensé en el lago Hargus donde crecí. Unos días más tarde cuando los vi de nuevo, cometí un error al preguntar: «¿Cómo están los señores Hargus?» Algunas veces vamos a equivocarnos.

LES... RECAPITULANDO

No se necesita de un estudio de investigación para apreciar los puntos que John hace en cuanto al valor de recordar los nombres de las personas. No obstante, si usted desea saber si está respaldado por estudios, podría señalarle una montaña de resultados de investigación que muestran exactamente cómo el humor y la auto evaluación de una persona mejoraron cuando otra persona la recordó de manera personal.[1] No hay duda del valor que tiene recordar los nombres de las personas.

Para aplicar la enseñanza de John a su propia vida...

Olvídese
De culpar a su «mala» memoria y haga un esfuerzo por recordar los nombres de las personas.

Pregunte
¿Qué me puede decir del origen de su nombre y cómo se deletrea?

Hágalo
Utilice el método SAVE con todas las personas que conozca esta semana.

Recuerde
El nombre de una persona es su posesión más valiosa.

23

SEÑALE LOS PUNTOS
FUERTES DE LOS DEMÁS

*Los elogios de los demás pueden ser útiles para enseñarnos,
no lo que somos, sino lo que debiéramos ser.*
—AUGUST W. HARE

LES... OBSERVANDO LA PRÁCTICA EN ACCIÓN

Por muchos años, he escuchado a John hablar sobre los «soldados rasos» que trabajan en su compañía INJOY. Hay un puñado de líderes y gente emprendedora en sus veinte y treinta años. El líder de ese grupo desde 1996 ha sido Kevin Small.

Cuando John contrató a Kevin, quien tenía 24 años en ese entonces, lo hizo para que dirigiera los seminarios INJOY. Kevin tenía un historial en el mundo financiero pero había dejado la arena corporativa porque quería encontrar un propósito más grande para su vida. John me dijo que Kevin mostraba un gran empuje, aprendió con rapidez e hizo un excelente trabajo dirigiendo los seminarios, pero en muchas maneras, esa posición realmente no se acomodaba a sus capacidades. John vio las cualidades internas de Kevin que necesitaban ser estimuladas. Kevin me explicó:

John estaba trabajando conmigo y animándome constantemente. Pronto me dio la responsabilidad no sólo de dirigir los seminarios sino también de hacer la promoción y el mercadeo. Yo veía que nos estaba yendo bien.

Sin embargo, recuerdo un momento definitivo en mi trabajo y en mi relación con John. Sucedió en una reunión con un grupo de personas de nuestra editorial, Thomas Nelson-Caribe Betania. Estábamos pensando en formas de promover el siguiente libro de John, *Las 21 leyes irrefutables del liderazgo*. Mientras conversábamos, se me hizo claro lo que necesitábamos hacer para que ese libro llegara a las manos de las personas. Vi el problema, vi la solución y vi los pasos que se tenían que dar. Así que me metí en la conversación y expliqué el proceso.

Cuando salimos de la reunión, John me miró y me dijo que tenía un gran talento para ver las oportunidades. Y a Dick Peterson, quien era mi jefe en ese tiempo, le dijo que deseaba reubicarme en un lugar donde pudiera añadirle más valor a la compañía.

Durante los siguientes dos años, John trabajó conmigo de manera exhaustiva. Identificó tres áreas fuertes principales en mí y siendo mi mentor me enseñó cómo utilizarlas, particularmente para ver y aprovechar las oportunidades.

No quiero dar la impresión que todo lo haya hecho perfectamente, porque también tenía mi porción de problemas. Con frecuencia, se me hacía difícil relacionarme con la gente. A menudo me concentraba tanto en una visión que de vez en cuando les pasaba por encima a las personas, pero John me ayudó también con eso. Y es que él ve a las personas como si todas tuvieran las más altas calificaciones que se puedan obtener, siempre encuentra lo mejor en cada uno. Y le encanta ayudar a desarrollar esas áreas fuertes. John realmente me puso en el camino al triunfo.

Cuando Kevin llevaba cuatro años con la compañía, John le ofreció la posición de presidente de INJOY, algo muy grande para un «soldado raso» que todavía no había llegado a los treinta. Pero eso es lo que puede ocurrir cuando usted señala los puntos fuertes de las personas y les da el estímulo necesario.

JOHN... CON UN MOMENTO DE ENSEÑANZA AL ESTILO MAXWELL

Con frecuencia, las personas cometen un error en su desarrollo personal cuando se concentran demasiado en sus debilidades. Como resultado, dedican demasiado tiempo a arreglar sus puntos débiles en lugar de maximizar sus puntos fuertes. De la misma manera, es un error enfocarse en las debilidades de los demás. Los autoproclamados «expertos» que pueden señalar lo malo de los demás *nunca* se ganan a la gente. La mayoría de las personas simplemente los evitan.

Más bien, debemos enfocarnos en descubrir los puntos fuertes de las personas y señalarlos. Esta es la razón:

SEÑALAR LAS ÁREAS FUERTES SUBRAYA LO ESPECIAL DE LAS PERSONAS

La mayoría de las personas tienen puntos fuertes que raramente utilizan. Pueden ser habilidades en el trabajo, conocimiento, capacidades generales, características de personalidad u otros atributos. Una vez leí un dato interesante basado en una investigación que decía que cada uno de nosotros puede hacer al menos una cosa mejor que otros diez mil. ¡Piense en eso! Usted posee un talento que no puede ser igualado por ninguno en su ciudad o vecindario... o en su universidad, o en la compañía o industria donde trabaja.

¿Ha descubierto ese talento? Si es así, es probable que ya vaya camino de encontrar el propósito de su vida. Si no es así, ¿no le gustaría que alguien viniera y se la señalara? ¿Cómo se sentiría usted con esa persona? Le aseguro que estaría muy agradecido.

¿Por qué no intenta ser esa clase de persona para alguien más? Si lo hace, quizás esté ayudando a otros a que descubran para qué los creó Dios.

LA GENTE SE SIENTE MOTIVADA EN SUS ÁREAS FUERTES

Una vez leí una encuesta que se les hizo a los trabajadores en los Estados Unidos donde se encontró que casi el 85% de los entrevistados decía que podrían trabajar más duro en sus empleos. Más de la mitad de ellos decía que podrían hasta doblar su efectividad si lo desearan. ¿Por qué? Porque son muy pocos los que están trabajando en sus áreas fuertes. ¿Se emociona usted si le piden que trabaje en sus áreas débiles? Al menos yo no.

Marcus Buckingham y Donald O. Clifton han hecho una gran investigación en este campo. Si desea saber más, le sugiero que lea el libro que ellos escribieron: *Now, Discover your Strenghts* (Descubra sus puntos fuertes). Pero debe saber esto: Cuando uno trabaja usando sus puntos fuertes, no se necesita mucha motivación externa. Si las personas sufren por hacer las labores utilizando sus áreas débiles y son reasignados para trabajar en sus áreas fuertes, observe cómo aumentan rápidamente su motivación, su entusiasmo y su productividad.

LAS PERSONAS PUEDEN RENDIR MUCHO MÁS SI ESTÁN UTILIZANDO SUS ÁREAS FUERTES

Con frecuencia me preguntan cuál es la clave de mi éxito. Les digo que puede atribuirse a tres cosas: (1) La bondad de Dios; (2) Las excelentes personas que me rodean; y (3) La capacidad para mantenerme en mi área fuerte. Me tomó cinco años poder averiguar cuáles eran mis puntos fuertes, pero con el paso de los años, he concentrado mi atención en menos y menos cosas.

La ley de la especialización en mi libro *Las 17 leyes incuestionables del trabajo en equipo* afirma: «Cada jugador tiene un lugar donde dar lo mejor de sí». Ese lugar es su «zona fuerte». Yo no sirvo para hacer muchas cosas, pero hay cuatro que puedo hacer muy bien. Y en la medida de lo posible, trato de mantenerme haciendo esas cosas.

Como líder y como jefe, trato de ayudar a los demás para que hagan lo mismo. Que encuentren sus zonas fuertes y que se ubiquen allí tanto como sea posible. Una persona triunfadora encuentra su lugar por sí misma, pero un líder triunfador encuentra el lugar correcto para los demás. ¿Cómo hago eso?

Primero, busco lo mejor en los demás. Cualquiera puede ver las debilidades, los errores y las imperfecciones en otros. Para eso no se necesita tener una habilidad especial. Ver las cosas buenas, eso sí es

> Una persona triunfadora encuentra su lugar por sí misma, pero un líder triunfador encuentra el lugar correcto para los demás.

difícil. En opinión del jugador de béisbol del Salón de la Fama, Reggie Jackson, los mejores líderes de las Grandes Ligas poseen esta habilidad. Él dijo: «Un gran entrenador tiene una destreza especial para hacer que sus jugadores piensen que son mejores de lo que realmente son. Te obliga a tener una buena opinión de ti. Te hace saber que cree en tu capacidad. Te hace dar más de lo que crees que puedes dar. Y una vez que te convences cuán bueno eres en verdad, nunca querrás jugar en un nivel inferior al de tu potencial». Eso es cierto en todas las áreas de la vida: los negocios, la paternidad, el matrimonio, el ministerio, etc. No busque los errores de los demás, busque lo mejor de ellos.

Segundo, yo hablo. Usted puede pensar lo mejor de los demás, pero si no se los dice, no les va a ayudar. Siempre he creído que todas las personas tienen una «semilla de éxito» dentro de ellas. La mayoría nunca la encuentran y por eso no logran alcanzar su potencial. A menudo observo a una persona y me pregunto: «¿Cuál es su semilla de éxito?» Cuando lo averiguo, se lo digo. Luego la fertilizo con ánimo y la riego con oportunidad. Usted puede hacer lo mismo.

LES... RECAPITULANDO

Uno de los aspectos más revolucionarios de la investigación psicológica contemporánea tiene que ver con el término «firmas de fortaleza». Cada persona tiene un número de cualidades positivas que representan sus áreas fuertes, pero algunas de ellas son más importantes y más cercanas a la identidad de la persona. Cuando usted señala esas fortalezas a los demás, la investigación demuestra que una persona es más propensa a usarlas, a mostrarlas y a aferrarse a ellas como un componente clave de su identidad.[1]

Para aplicar la enseñanza de John a su propia vida...

Olvídese:
De las debilidades de los demás.

Pregúntese:
¿Qué es lo que este individuo hace excepcionalmente bien?

Hágalo:
Cada día de esta semana, coméntele a cada persona que vea cuáles son los puntos fuertes que ve en ellos.

Recuerde:
Cada persona en el mundo tiene una semilla de éxito.

ESCRIBA NOTAS DE ESTÍMULO

*El poder de las palabras es inmenso. Una palabra bien escogida con
frecuencia ha sido suficiente para detener un ejército del aire, ha
cambiado una derrota en victoria y ha salvado un imperio.*
—EMILE DE GIRARDIN

LES... OBSERVANDO LA PRÁCTICA EN ACCIÓN

Siempre me ha encantado ver los santuarios de los grandes líderes. Se puede decir mucho de las personas viendo donde trabajan. Recientemente estuve en la oficina que John tiene en su casa, donde realiza la mayoría de sus meditaciones, donde sueña, escribe y crea. Entre sus objetos de interés, vi una colección impresionante de las obras de John Wesley. De hecho, puede que sea una de las colecciones históricas privadas más extensas de su clase. Y ya que también soy un estudiante de Wesley, me sentí curioso.

«¿Cuál es tu pieza más apreciada en esta colección?» le pregunté, señalándole un estante de libros antiguos.

«Creo que es una carta firmada por John Wesley y con una posdata de su hermano Charles», me respondió, mientras me llevaba a donde la tenía enmarcada en la pared.

«¿Es una carta importante?» le pregunté, mientras trataba de descifrar la caligrafía de Wesley.

«Es una carta para un amigo donde le está dando consejos sobre cómo ser padre. La aprecio mucho porque fue escrita por la propia mano y firma de Wesley» me contestó, agregando: «Pero si hablamos de cartas importantes de Wesley, entonces tenemos que considerar la que escribió a William Wilberforce.

»En 1791, William Wilberforce estaba enfrentando una desalentadora derrota en su intento por abolir el tráfico de esclavos en Inglaterra», me explicó. «Fue en ese momento que recibió una carta de John Wesley. Esa carta, que ahora es famosa, llegaría a ser la fuente de fortaleza continua para el resto de su vida».

John buscó en sus archivos que hablaban del tema de «aliento» y encontró el texto de la carta y me la leyó en voz alta:

Londres, 26 de febrero de 1791

Estimado señor:

A menos que sea inspirado por el poder divino… no veo cómo pueda llevar adelante su gloriosa empresa, oponiéndose a esa execrable villanía que es el escándalo de la religión, de Inglaterra, y de la naturaleza humana. A menos que Dios lo haya levantado para esto, lo agotará la oposición de hombres y demonios. Pero «si Dios está con usted, ¿quién podrá oponérsele?» ¿Acaso todos ellos son más fuertes que Dios? Oh, ¡no os canséis de hacer el bien!» Continúe, en el nombre de Dios y en el poder de Su fortaleza, hasta que incluso la esclavitud americana (la más vil que jamás se viera bajo el sol) se desvanezca ante Su poder…

Que Quien lo ha guiado desde su juventud, continúe fortaleciéndolo en esto y todas las cosas, es la oración de,

Su afectuoso siervo,

J. Wesley

«Cuatro días después» recordó John, «Wesley murió. Y una vez más, Wilberforce fue derrotado cuando el Parlamento sometió a votación la abolición de la esclavitud. Finalmente, Wilberforce logró imponerse, pero en el intermedio, fue vilipendiado y enfrentó innumerables frustraciones. Sus oponentes llegaron a retarlo a duelo y trataron de matarlo».

John continuó: «Más de una vez se sintió tentado a dejar de luchar, pero cada vez que el desaliento quería hacer presa de él, acudía a la carta de Wesley. Y cada vez que la leía, era como la primera vez. Nunca dejó de darle ánimo y fuerzas.

«Si no crees en el poder alentador de la nota escrita después de leer esto», dijo John, «probablemente nunca lo creerás».

Puedo asegurarle que John cree en ese poder. He recibido muchas notas de ánimo de su parte durante años y todavía guardo muchas de ellas. Quizás no tengan el valor histórico de la nota de Wesley hacia Wilberforce, pero para mí son invaluables.

JOHN... CON UN MOMENTO DE ENSEÑANZA AL ESTILO MAXWELL

Si todavía no lo ha adivinado, yo soy un verdadero aficionado a la historia. Permítame contarle el resto de la historia: En 1806, después de un trabajo incansable de 20 años, Wilberforce finalmente logró que la enmienda que aboliera el intercambio de esclavos fuera aprobada por el Parlamento. Veintiocho años después, el 31 de julio de 1834, la esclavitud se hizo ilegal en todo el Imperio Británico, liberando así a aproximadamente 800.000 esclavos.

Aunque no vivió para ver su sueño cumplido, ya que murió el 5 de agosto de 1833, nadie hizo más que William Wilberforce por la desaparición de la esclavitud en el Imperio Británico.

Wilberforce murió como uno de los hombres más estimados de su época y fue enterrado en la Abadía de Westminster. Parte de su epitafio dice:

Eminente como fue en cada departamento de labor pública,
    y líder en cada obra de caridad,
ya fuera para aliviar las necesidades temporales o espirituales
    de su prójimo.
Su nombre siempre se identificará
    con aquellos esfuerzos
que, por la bendición de Dios, eliminaron de Inglaterra
    la culpa de la trata de esclavos africanos,
y preparó el camino para la abolición de la esclavitud
    en cada colonia del Imperio.

Wilberforce había dado su vida entera y su carrera política por una gran causa: Acabar con la esclavitud. Sin embargo, tal vez no hubiera prevalecido si no hubiera sido por esa carta de ánimo de John Wesley.

Por muchos años he creído en el poder de las notas de estímulo escritas, mucho antes de que recibiera la carta de Wesley como regalo de los hermanos de la iglesia Skyline por servir como su pastor. De hecho, fue mientras dirigía esa iglesia que les pedí a los miembros del personal que todos los lunes dedicaran tiempo para escribir notas a mano a los feligreses.

Las notas escritas no tienen que venir de alguien famoso para que puedan animar. Una palabra amable que viene del corazón siempre es bien recibida. Si usted nunca ha perfeccionado la práctica de enviar notas a mano a las personas, entonces quiero animarle a que intente esta forma muchas veces olvidada de ganarse a las personas: He aquí el por qué:

LAS NOTAS DE ESTÍMULO TIENEN UN TOQUE PERSONAL

En la actualidad nos comunicamos a través del teléfono, de localizadores digitales, de teléfonos celulares, de faxes, del correo electrónico y de la Internet. Con este paso tan apresurado que llevan nuestras vidas, ¿quién tiene tiempo para escribir de la manera antigua? Sin embargo, entre más conveniente se vuelve nuestra comunicación, más temporal es. Hemos olvidado lo significativo que es el toque personal. Pocas cosas pueden ganarle a una nota escrita a mano por una persona real. Cuando usted lee los pensamientos de alguien a quien respeta escritos con su propia mano, eso realmente significa mucho.

El servicio postal de los Estados Unidos trabaja regularmente seis días a la semana. Anualmente, los trabajadores postales manejan 170 billones de cartas. No obstante, en este inmenso mar de correo, los oficiales dicen que las cartas personales son menos del 4% del total. En promedio entonces, usted necesitará recibir 25 cartas antes que le llegue una que contenga una palabra personal. Más que nunca, una nota escrita a mano puede comunicarles a las personas que usted se interesa por ellas.

LAS NOTAS REPRESENTAN UNA INVERSIÓN DEL ESCRITOR

En su libro *The Power of Encouragement* (El poder del estímulo), mi amigo David Jeremiah dice: «El aliento por escrito viene directamente del corazón, sin interrupciones y sin inhibiciones. Por eso es tan poderoso». ¿No cree que es verdad?

El escritor del siglo diecinueve Walt Whitman luchó por años para que alguien se interesara en su poesía. Se desanimó mucho. Un día, recibió una nota que decía: «Estimado señor, no estoy ciego al valor del maravilloso regalo de *Leaves of Grass* (Hojas de hierba). La considero la pieza más extraordinaria de ingenio y sabiduría que se haya escrito en América. Lo saludo en el comienzo de una gran carrera». Estaba firmada por Ralph Waldo Emerson.

No puedo imaginarme qué le hubiera sucedido a Whitman si Emerson no hubiera invertido en él al escribir esas amables

> «El aliento por escrito viene directamente del corazón, sin interrupciones y sin inhibiciones. Por eso es tan poderoso». –David Jeremiah

palabras. Esa nota fue como aire fresco para Whitman, que respiró ese estímulo y así se sintió inspirado para seguir escribiendo. Pero usted no tiene que ser un escritor profesional para hacer una diferencia en la vida de una persona. El solo hecho de ocupar tiempo en escribir es evidencia de su deseo por invertir en ella.

LAS NOTAS SON RECORDADAS MUCHO DESPUÉS QUE EL ESCRITOR LAS HAYA OLVIDADO

Por años, me he hecho el propósito de escribirles notas personales a los demás. Generalmente olvido lo que he escrito, pero en ocasiones alguien que recibió una nota mía me la muestra y me dice del gran estímulo que fue para él o ella. Es en esos momentos que me acuerdo del aliento constante y repetitivo que las personas reciben por una palabra escrita.

Usted no sabe si algo que les escribe a los demás les iluminará durante sus momentos oscuros o los sostendrá durante los momentos difíciles. En el primer libro de *Sopa de pollo para el alma*, la maestra, hermana Helen Mrosla, relata cómo una tarea oportuna en una clase se convirtió en una fuente de ánimo para sus estudiantes. Un día, cuando sus alumnos de secundaria de la clase de matemáticas estaban muy irritables, les pidió que escribieran algo que les gustara de sus compañeros. Ella entonces recopiló los resultados el fin de semana y los entregó el lunes siguiente.

Años más tarde, uno de sus estudiantes, Mark, murió en Vietnam. Ella y algunos de sus ex condiscípulos se encontraron en el funeral. Después, el padre de Mark le dijo al grupo: «Encontraron esto en un bolsillo de Mark cuando murió» y mostró un papel bastante ajado. Era el papel que había recibido de su maestra hacía muchos años. Después de eso, Charlie, uno de los compañeros de Mark dijo: «Yo conservo el mío en la gaveta de mi escritorio». La esposa de Chuck comentó: «Chuck puso el suyo en nuestro álbum de bodas». «Yo también conservo el mío», dijo Marilyn, «en mi diario».

Vicky, una de las alumnas, buscó en su bolso y sacó su papel ya bastante desgastado y lo mostró a su maestra y a sus antiguos compañeros. Todos habían atesorado las palabras amables de estímulo que habían recibido. Ese es el poder de unas pocas palabras amables.

LES... RECAPITULANDO

Quizá a usted le cueste ocupar un tiempo en escribir notas a los demás porque piensa que elogiar a las personas verbalmente es suficiente. Si es así, puede que se sorprenda por la reciente investigación sobre el tema de la autenticidad, la cual descubrió que cuando se da una nota escrita a otra persona, generalmente se percibe como algo más auténtico y genuino que la palabra hablada.[1]

No existen dudas sobre el valor de las notas de estímulo por escrito a los demás.

> Cuando se da una nota escrita a otra persona, generalmente se percibe como algo más auténtico y genuino que la palabra hablada.

Para aplicar la enseñanza de John a su propia vida...

Olvídese
De ser un escritor perfecto, más bien escriba con el corazón.

Pregúntese:
¿Qué puedo decir que sea de estímulo para alguien tanto ahora como en el futuro?

Hágalo
Dedique una hora hoy para escribir varias notas a algunas personas con el único propósito de animarlas.

Recuerde
Las palabras tienen el poder de estimular aun mucho después que el escritor las haya olvidado.

25

AYUDE A LAS PERSONAS A TRIUNFAR

«La forma más segura para saber lo bien que había jugado era ver cuánto había hecho para que mis compañeros jugaran bien».
—BILL RUSSELL, GANADOR DE MÁS CAMPEONATOS DE LA NBA QUE NINGÚN OTRO JUGADOR.

LES... OBSERVANDO LA PRÁCTICA EN ACCIÓN

Si alguna vez he conocido a alguien que le encanta ver que la gente triunfe, este es John Maxwell. Es la razón por la cual escribe libros y dirige seminarios y conferencias. Él cree que tiene algo que ofrecer a los demás para ayudarles a alcanzar el éxito. Pero John también ayuda a que las personas triunfen en una menor escala, sea esto enseñando a su hija cómo vender dulces de puerta en puerta para su escuela cuando era una niña, ocupando el tiempo para aconsejar a un pastor que está pasando por un tiempo difícil o dándole la oportunidad a un joven «soldado raso» como Kevin Small para que se convierta en el presidente de una de sus compañías. A John le encanta triunfar y disfruta mucho más viendo a otros triunfar también.

Por muchos años, John realizó un seminario de un día en el que enseñaba a los pastores y a los miembros de sus iglesias cómo unirse en el trabajo voluntario. Al final de la sesión, solía contar una de mis historias favoritas. Creo que tipifica muy bien su actitud de ayudar a otros.

Cuando su sobrino Eric tenía siete años, se preparó para participar en su primer juego de la primera temporada de la Liga Infantil de Béisbol. John y Margaret fueron a ver el partido y por supuesto, John quería ayudarle a que triunfara. Esta es la historia como John generalmente la cuenta:

Eric nunca antes había jugado béisbol. Se sentía intimidado, asustado, lleno de miedo. ¡Y su entrenador pensaba que aquella era la Serie Mundial! Eric caminó hasta la almohadilla. Su casco era muy grande, su uniforme aun más grande y él apenas podía sostener el bate. Estaba petrificado, enfrentando al lanzador del otro equipo, que, como siempre, era el niño más grande. Su nombre era Butch; estaba mascando chicle y su expresión reflejaba seguridad.

Eric medio abraza el bate, cierra los ojos y ora. ¡Y la primera bola pasa volando! *Strike* uno. ¡Uy! *Strike* dos. ¡Ay! *Strike* tres. Eso es todo; y cuando el árbitro dice: «Fuera» Eric se siente contento por el solo hecho de haber salido vivo.

Mientras camina de regreso a su asiento, sus padres lo vitorean y su entrenador también. Y allí estoy yo pensando, *ese es mi sobrino y está asustado*. Así que bajo hasta donde él está y le digo: «Cariño, yo no sé qué te hayan dicho acerca del béisbol, pero deja que tu tío John te enseñe algo. El béisbol es un juego muy simple».

Él me pregunta: «¿Qué quieres decir?»

Yo le digo: «Sólo tienes que hacer una cosa. La próxima vez que te toque batear, cada vez que Butch te lance la bola, tú sólo tienes que columpiar el bate. Eso es todo lo que tienes que hacer. Butch lanza la pelota; tú columpias el bate. Butch lanza la pelota; tú columpias el bate».

Él me mira y me dice: «¿Eso es todo lo que tengo que hacer?»

Yo le digo: «Eso es todo. No te preocupes de pegarle a la bola; sólo columpia el bate». Y al momento una sonrisa se dibuja en su rostro y me dice: «Yo puedo hacer eso».

Yo le digo: «¡Claro que puedes! Acábalos, muchacho».

La próxima vez que a Eric le tocó batear, Butch lanzó la pelota y Eric columpió el bate. La pelota le pasó de largo. De hecho, bateó tan tarde que la bola ya estaba en el guante del receptor. Yo empecé a aplaudir mientras decía:

«¡Excelente bateo, Eric, excelente bateo, eso es! Cada vez que Butch te lance la pelota, columpia el bate».

Butch lanzó la bola; Eric columpió su bate. Butch lanzó la bola; Eric columpió su bate de nuevo. Finalmente, lo eliminaron al tercer *strike*. Yo estaba de pie gritando: «Eric McCullogh, esa fue la mejor eliminada que he visto en mi vida. ¡Muy bien!»

En ese momento, el entrenador miró a la tribuna y me dio una mirada de enojo. Los otros padres tampoco estaban muy felices. Margaret me dijo: «Cariño, voy al auto a leer un libro». Pero no me importaba, porque vi que después del bateo, Eric estaba sonriendo.

Ahora bien, para ser sincero, yo no creía que Eric fuera a dar un batazo ese día. Además, en la Liga Infantil de Béisbol, no existe tal cosa como un batazo. Si hay alguna clase de contacto, no es que el bate le pegue a la bola; es que la pelota le ha pegado al bate. Y hay una cosa que sé: si la pelota le pega al bate, no avanza mucho; sólo algo. Y en la Liga Infantil de Béisbol, si la bola está dentro del área, uno no deja de correr.

Bueno, no creía que iba a suceder, pero sucedió. La tercera vez que fue a batear, Butch lanzó la pelota, Eric columpió su bate y la pelota le pegó al bate. No fue un batazo fuerte. Fue un sonido hueco. Tan pronto como vi que la pelota estaba en el área, bajé de la tribuna y corrí a primera base diciendo: «¡Eric, sigue corriendo, sigue corriendo!»

Mientras Eric pasaba por la primera base, yo corrí tan rápido como pude hasta tercera base mientras le gritaba: «¡Vamos Eric, vamos!» Eric logró pasar la tercera base y juntos llegamos a «home». Eric se levantó, se sacudió el polvo de su uniforme, yo hice lo mismo con mi saco; y cuando íbamos saliendo del campo, miré al entrenador y me sonrió.

Ese día fuimos a la casa de Eric. Sus padres habían tenido que trabajar de modo que no pudieron ver el juego; pero nosotros se lo contamos. Allí estaba yo en el centro de la sala, pretendiendo ser Butch y Eric estaba cerca del piano como si allí estuviera la almohadilla de bateo. Yo hice el lanzamiento; él bateó. Corrió por las bases y se lanzó para quedar debajo de la banca del piano. Todos nos levantamos y le dimos una gran ovación. Ese día, Eric comenzó su carrera en la Liga Infantil de Béisbol.

Eric ya es un adulto, pero cuando estaba por graduarse del bachillerato, vino a visitarme. Me dijo: «Tío John, tengo algo muy emocionante que contarte. ¿Te acuerdas de mi primer partido de béisbol de la Liga Infantil?»

«Por supuesto que me acuerdo», le dije. E hicimos recuerdos de ese partido.

«Yo nunca lo he olvidado», me dijo Eric. «Sólo quería contarte que este año voy a la universidad con una beca de béisbol».

Usted no tiene que ser rico, famoso o talentoso para ayudar a otros a triunfar, sólo necesita dar lo mejor de sí y preocuparse por ellos. Y debe saber esto: Cuando tenga la posibilidad de ayudar a alguien a triunfar, usted será de por vida amigo de esa persona.

JOHN... CON UN MOMENTO DE ENSEÑANZA
AL ESTILO MAXWELL

Ayudar a otra persona a triunfar es uno de los mejores sentimientos del mundo. No he conocido a nadie hasta ahora que no quiera triunfar. Y todos los que conozco que han hecho un esfuerzo para ayudar a otros me han dicho que ha sido lo más gratificante de sus vidas. Tal como el poeta Ralph Waldo Emerson dijo: «Una de las más hermosas compensaciones de esta vida es que ningún hombre puede intentar ayudar a otro sin estarse ayudando a sí mismo»

Si usted quiere ayudar a otros a triunfar, siga los siguientes pasos:

> «Una de las más hermosas compensaciones de esta vida es que ningún hombre puede intentar ayudar a otro sin estarse ayudando a sí mismo».
> Ralph Waldo Emerson

CREA EN LAS PERSONAS

Luego de una conferencia en Toledo, un hombre se acercó y me hizo una pregunta: «¿Cómo puedo obtener resultados increíbles de una persona?» «Tenga expectativas increíbles de esa persona», fue mi respuesta.

Si usted no cree en las personas, es muy poco probable que vaya a hacer algo para ayudarles a triunfar. La gente sabe cuando alguien no cree en ellos ya que pueden ver a través del fingimiento y de las palmaditas falsas, pero cuando saben que usted cree en ellos, la magia comienza a suceder.

Lo dicho por el escritor John Spalding es cierto: «Los que creen en nuestra habilidad hacen algo más que estimularnos. Crean una atmósfera para nosotros en la que se facilita el éxito».

DÉLES A LAS PERSONAS ESPERANZA

Un reportero le preguntó al Primer Ministro Winston Churchill, quien dirigiera a Gran Bretaña durante los difíciles momentos de la Segunda Guerra Mundial, cuál era el arma más poderosa que tenía su país en contra del régimen nazi. Sin hacer ninguna pausa, Churchill respondió: «El arma más poderosa que Inglaterra siempre ha tenido es la esperanza».

Esperanza es una de las palabras más poderosas y dinámicas del idioma español. Nos da energía para seguir adelante en los momentos más difíciles y su poder nos llena de emoción y anticipación al mirar el futuro.

Se dice que una persona puede vivir cuarenta días sin comer, cuatro días sin agua, cuatro minutos sin aire, pero solamente cuatro segundos sin esperanza. Si desea ayudar a las personas a triunfar, debe convertirse en un proveedor de esperanza.

CONCÉNTRESE EN EL PROCESO, NO SÓLO EN EL TRIUNFO

Muchos de nosotros deseamos triunfar tanto que olvidamos lo que cuesta llegar allí. Somos como el niño que cuando juega ajedrez con su abuelo y pierde, dice: «¡Ay no! ¡Otra vez! ¡Abuelo, tú siempre me ganas!»

«¿Qué quieres que haga, que pierda a propósito?» le responde el anciano. «Nunca aprenderás si hago eso». A lo que el niño le contesta: «Yo no quiero aprender nada. ¡Sólo quiero ganar!»

Así es como nos sentimos muchas veces, pero vamos a ser sinceros. ¿Cuál triunfo es más satisfactorio: el fácil o el que nos costó trabajo? Cuando usted le ayude a alguien a triunfar, no le regale la meta, aun si está en su poder hacerlo. Ayúdelo a triunfar. Si le ayuda en el proceso, no le estará dando la victoria sino que le estará dando los medios para tener victorias adicionales en el futuro. Puede triunfar una y otra vez. Y la única cosa más dulce que triunfar es triunfar muchas veces.

COMPRENDA QUE CUANDO AYUDA A OTROS A TRIUNFAR, USTED TAMBIÉN TRIUNFA

En 1984, Lou Whittaker dirigió el primer grupo totalmente estadounidense a la cima del Monte Everest. Después de varios meses de esfuerzo extenuante, cinco miembros del equipo llegaron al último campamento que se encontraba a veintisiete mil pies de altura. Les faltaban todavía dos mil más cuando se reunieron en la tienda. Whittaker tuvo que tomar una decisión difícil: Él sabía lo motivados que estaban los cinco alpinistas de llegar al punto más alto del planeta. Sin embargo, dos de ellos tendrían que volver al campamento anterior, cargar comida, agua y oxígeno, para luego regresar a donde estaban los demás. El problema era que después de esta labor de apoyo, estos dos escaladores ya no iban a tener la condición necesaria para poder llegar a la cima del monte. Los otros se quedarían en la tienda un día tomando agua, respirando oxígeno y preparándose para subir a la cima el día siguiente.

La primera decisión que Whittaker tomó fue quedarse en el campamento a los veintisiete mil pies para coordinar las actividades del equipo. La siguiente fue enviar a los dos escaladores más fuertes a recoger los suministros; esa fue la decisión más difícil. Los dos alpinistas más débiles descansarían, renovarían sus fuerzas y recibirían la gloria de la cumbre.

Cuando se le preguntó por qué no se asignó a sí mismo para llegar a la cumbre, su respuesta mostró su comprensión por las personas y la fuerza de su liderazgo. Dijo: «Mi trabajo era hacer que otros llegaran a la cima».

Whittaker sabía que cuando las personas toman las decisiones correctas para ayudar a que un equipo alcance su objetivo, todos salen beneficiados. Nunca se pierde cuando los demás triunfan.

LES... RECAPITULANDO

Al recordar, pienso en muchas personas que me han ayudado a triunfar en la vida. Por ejemplo, el presidente del Departamento de Psicología de la universidad a la que fui para depurar mi visión. Él me enseñó los pasos que debía dar y cómo podía tener éxito. George, un amigo mío, me ayudó a triunfar enseñándome cómo iniciar y dirigir un programa de radio. Janice, mi publicista, me ayuda a triunfar cada vez que me consigue una entrevista en la televisión nacional para hablar sobre alguno de mis libros. Kevin, otro amigo, me ayudó a triunfar mostrándome cómo elaborar una declaración significativa de la misión de mi vida. Por supuesto, John también me ha ayudado a triunfar en mi carrera desde varios ángulos. A todos nos gusta triunfar; y nadie triunfa sin ayuda.

Hace más de tres décadas, se hizo una investigación examinando los tipos de personas que se relacionaban bien con los demás. El estudio se hizo con 268 estudiantes de segundo año de Harvard, considerados «los mejores y más talentosos» y duró cuarenta años. Entre los descubrimientos estaba el hecho que los hombres emocionalmente más saludables reconocieron que una buena vida no la daba la ausencia de problemas, sino la forma en la cual el individuo escogía reaccionar ante esos problemas. En otras palabras, tales hombres se percibían a sí mismos como triunfadores y ayudaban a los demás a triunfar a pesar de sus circunstancias. No era de sorprender también que tuvieran una comunicación mucho más significativa que los demás.[1]

Para aplicar la enseñanza de John a su propia vida...

Olvídese:

De ver la vida como una competencia donde uno tiene que vencer a todos si desea triunfar.

Pregúntese:

¿A quién podría ayudar a triunfar y cómo lo haría?

Hágalo:

Haga un plan de juego. Diseñe un curso que los lleve a ambos camino de la victoria.

Recuerde:

Una vez que ayude a alguien a triunfar, tendrá un amigo de por vida.

UNA PALABRA DE CONCLUSIÓN
DE PARTE DE JOHN

Toda mi vida he querido que las personas aprendan a ganarse a los demás. Para lograrlo, lo único que se necesita es creer en las personas y tener un deseo sincero de ayudarles. Espero que después de leer este libro, usted también crea esto.

También espero que usted haga suyas las prácticas que Les y yo le hemos mostrado. Si ya ha intentado algunas, con seguridad se ha dado cuenta que realmente funcionan. Si desea perfeccionarlas, entonces le sugiero que lo haga de esta forma: Lleve a cabo un programa de doce semanas para ganarse a las personas. Después de iniciarlo, seleccione dos de las prácticas y ejecútelas todos los días durante una semana completa. Al hacerlo, estará involucrándose en un proceso que lo hará…

1. Ser consciente de cómo funcionan esos principios.

2. Aprender las bases de cómo hacerlo.

3. Practicar cada una de ellas hasta que las perfeccione.

4. Convertirlas en un hábito.

Es probable que al comienzo no se sienta cómodo ejecutando algunas de ellas, pero no hay ninguna que no pueda dominar. Y por supuesto, siga agregando otras prácticas que aprenda por sí solo o durante el proceso. Todas las formas que aprenda nunca serán demasiadas.

Mi deseo: Que pueda usted seguir ganándose a las personas por medio de ayudarles a triunfar.

NOTAS

CAPÍTULO 1

1. James Patterson y Peter Kim, *The Day America Told the Truth* (El día que América dijo la verdad) (East Rutherford, NJ: Prentice Hall Press, 1991).

CAPÍTULO 2

1. Wes Smith, *Hope Meadows: Real Life Stories of Healing and Caring from an Inspiring Community* (Los prados de la esperanza: Historias de la vida real de sanidad y de cariño de una comunidad inspiradora) (New York: Berkley, 2001).

CAPÍTULO 3

1. J.G. Nicholls, «La creatividad en la persona que nunca producirá nada original o útil: El concepto de creatividad como un rasgo normalmente distribuido», *American Psychologist* (El Psicólogo Americano), 27 (8) (1972), 717-27.

CAPÍTULO 6

1. James C. Humes, *The Wit and Wisdom of Winston*

Churchill (El ingenio y la sabiduría de Winston Churchill) (New York: Harper Perennial, 1994) 119-20.
2. Génesis 17.5.
3. Génesis 32.38.
4. Howard Gardner, *Creating Minds: An Anatomy of Creativity Seen through the Lives of Freud, Einstein, Picasso, Stravinsky, Eliot, Graham and Gandhi* (Mentes creativas: Una anatomía de la creatividad vista a través de las vidas de Freud, Einstein, Picasso, Stravinsky, Eliot, Graham y Gandhi) (New York: Basic Books, 1993).

CAPÍTULO 7
1. Proverbios 25.11
2. James Kouzes and Barry Posner, *Encouraging the Heart: A Leader´s Guide to Rewarding and Recognizing Others* (Estimulando el corazón: Guía del líder para recompensar y reconocer a los demás) (San Francisco: Jossey-Bass Publishers, 1999).
3. H.S.Leonard, «*The many faces of character*» (Las muchas caras del carácter) Consulting Psychology Journal (Revista de Consulta Psicológica), p. 49 (4) (1997), 235-45.

CAPÍTULO 10
1. M.E. McCullough y C.R. Snyder, «*Classical source of human strength: Revisiting an old home and building a new one*». (Origen clásico de la fortaleza humana: Volviendo a visitar una casa vieja y construir una nueva) Journal of Social and Clinical Psychology (Revista de Psicología Social y Clínica), 19 (1) (2000), 1-10.

CAPÍTULO 11
1. G. E. Vaillant, «*Adaptive mental mechanisms: Their*

role in a positive psychology» (Mecanismos mentales de adaptación: Su papel en la psicología positiva), American Psychologist (*El Psicólogo Americano*), 55 (1) (2000), 89-98.

CAPÍTULO 12

1. E.E. Werner, «*Resilience in Development*» (Resistencia en el desarrollo), Current Directions in Psychological Science (Las Últimas Instrucciones en Ciencia Psicológica), 4 (3), (1995), 81-85.

CAPÍTULO 13

1. D.A. Kramer, «*Wisdom as a classical source of human strength: Conceptualization and empirical inquiry*», (La sabiduría como la fuente clásica de la fortaleza humana: Conceptualización e investigación empírica), Journal of Social and Clinical Psychology (Revista de Psicología Social y Clínica), 19, (1) (2000), 83-101.

CAPÍTULO 14

1. R.M. Ryan y E.L. Deci, «*Self-determination theory and the facilitation of intrinsic motivation, social development, and well-being*» (La teoría de la autodeterminación y la facilitación de la motivación intrínseca, el desarrollo social y el bienestar personal), American Psychologist (El Psicólogo Americano), 55 (1) (2000), 68-78.

CAPÍTULO 15

1. J.W. MacDevitt, «*Therapist's personal therapy and professional self-awareness*» (La terapia personal del terapeuta y

su auto concientización profesional) Psychotherapy, 24 (1987), 693-703.

CAPÍTULO 16

1. Les Parrott, *Counseling and Psychotherapy* (Consejería y Psicoterapia), 2nd ed. (Pacific Grove, CA: Brooks/ Cole/ Thomson Learning, 2003).

CAPÍTULO 17

1. «*Waking the Mile: A Behind the Scenes Documentary*» (Caminando la milla: Un documental detrás de bastidores) (Warner Home Video, 1999).

2. Belden Lane, «*Rabbinical Stories*» (Historias rabínicas), Christian Century, 98: 41 (Diciembre 16, 1981).

3. Ken Sutterfield, *The Power of an Encouraging Word* (El poder de una palabra de estímulo) (Green Forest, AR: New Leaf, 1997).

4. J.J. Campos and K.C. Barrett «*Toward a new understanding of emotions and their development*», Emotions, Cognition and Behavior ("*Hacia una nueva comprensión de las emociones y su desarrollo*", Emociones, conocimiento y comportamiento), eds C. Izard, J. Kagan and R. Zajonc (New York: Cambridge University Press, 1988).

CAPÍTULO 19

1. D.P. Mc Adams, A. Diamond, E. de St. Aubin y E. Mansfield, «*Stories of commitment: The psychosocial construction of generative lives*» (Historias de compromiso: La construcción psicosocial de vidas generativas), Journal of Personality and Social Psychology (Revista de Personalidad y Psicología Social), 72 (3) (1997), 678-94.

CAPÍTULO 20

1. K.M. Sheldon, R.M. Ryan, L.J. Rawsthorne y B. Ilardi, «*Trait self and true self: Cross-role variation in the big -five personality traits and its relations with psychological authenticity and subjective well-being*», (Los rasgos del yo y el verdadero yo: Una variante de intercambio de papeles en los cinco grandes rasgos de la personalidad y su relación con la autenticidad psicológica y el bienestar subjetivo), Journal of Personality and Social Psychology (Revista de Personalidad y Psicología Social), 73 (1997, 1380-93.

CAPÍTULO 21

1. Fuente desconocida.
2. D.P. McAdams y Ed de St. Aubin (ed.). *Generativity and Adult Development: How and Why We Care for the Next Generation* (Generatividad y desarrollo adulto: Cómo y por qué nos importa la próxima generación) (Washington, DC: APA Books, 1998).

CAPÍTULO 22

1. J.D. Brown y T.A.Mankowski, «*Self-esteem, mood and self-evaluation: Changes in mood and the way you see you*» (Autoestima, carácter y auto evaluación: Cambios de ánimo y la forma en que te ves a ti mismo), Journal of Personality and Social Psychology (Revista de Personalidad y Psicología Social), 64 (1993), 421.

CAPÍTULO 23

1. M. E. P. Seligman y M. Csikszentmihalyi, «*Positive psychology: An introduction*» (Psicología positiva: Una introducción), American Psychologist (El Psicólogo Americano), 55 (1) (2000), 5-14.

CAPÍTULO 24

1. S. Harter, «*Authenticity*» (Autenticidad), C.R. Snyder y S.J. Lopez, eds. *Handbook of Positive Psychology* (Manual de Psicología Positiva), (New York: Oxford University Press, 2002) 382-94.

CAPÍTULO 25

1. Vaillant, *Adaptation to Life* (Adaptación para la Vida), (Boston: Little Brown, 1977).

ACERCA DEL AUTOR

John C. Maxwell, conocido como el experto en liderazgo de los Estados Unidos, habla en persona a cientos de miles cada año. Ha comunicado sus principios a las compañías de Fortune 500, a la Academia Militar de los Estados Unidos en West Point, a organizaciones internacionales de mercadeo, a la NCAA y grupos deportivos profesionales como la NFL. Maxwell es el fundador de varias organizaciones de liderazgo, incluyendo Maximum Impact (Máximo Impacto), que ayuda a las personas para que alcancen su potencial personal y de liderazgo. Como autor de éxitos de librería del New York Times, Maxwell ha escrito más de 30 libros, entre los cuales están: *Desarrolle el líder que está en usted* y *Las 21 leyes irrefutables del liderazgo*, de los cuales ha vendido más de un millón de ejemplares.